梯田原乡

桂林龙脊镇

卢子 著

漓江出版社
·桂林·

图书在版编目（CIP）数据

梯田原乡：桂林龙脊镇 / 卢子著 . -- 桂林：漓江出版社，2025. 3. -- (广西村落文化丛书). -- ISBN 978-7-5801-0154-9

Ⅰ. K296.75

中国国家版本馆 CIP 数据核字第 2025CX1284 号

梯田原乡——桂林龙脊镇

TITIAN YUANXIANG——GUILIN LONGJI ZHEN

作　　者　卢　子

出 版 人　梁　志
项目统筹　何　伟
特约编审　宋安群
特约组稿　廖明君　庞　白　胡小安
项目协调　霍　丽　黄　圆　吴　桦
责任编辑　王林秀
装帧设计　周泽云　曾　意
营销编辑　陈　睿　于媛媛　俞方远
责任监印　杨　东

出版发行　漓江出版社有限公司
社　　址　广西桂林市南环路 22 号
邮　　编　541002
发行电话　010-85891290　0773-2582200
邮购热线　0773-2582200
网　　址　www.lijiangbooks.com
微信公众号　lijiangpress

印　　制　广西民族印刷包装集团有限公司
开　　本　880 mm × 1230 mm　1/32
印　　张　7.25　插页 1 页
字　　数　150 千字
版　　次　2025 年 3 月第 1 版
印　　次　2025 年 3 月第 1 次印刷
书　　号　ISBN 978-7-5801-0154-9
定　　价　38.00 元

在字里行间，邂逅大地的诗行，

感受梯田文化的田园牧歌。

卢子

龙脊梯田景区示意图

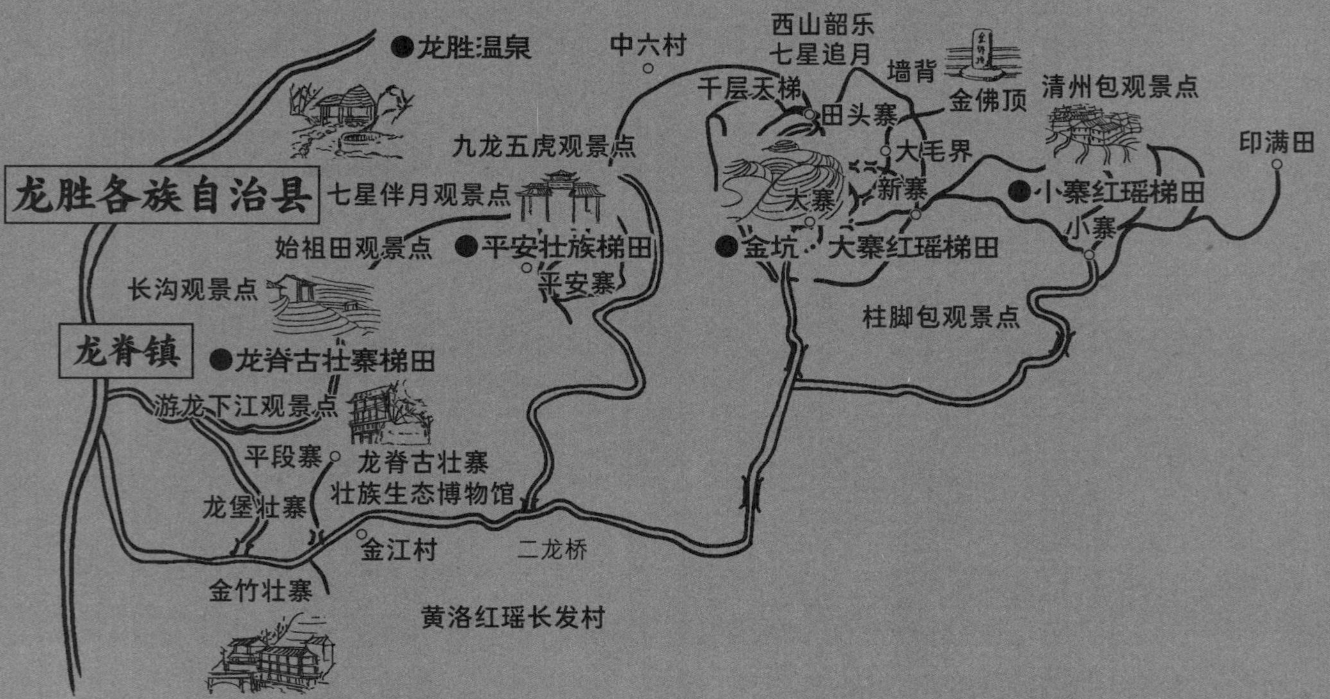

黄璐霜 / 绘

龙脊小传

龙脊镇位于广西桂林市龙胜各族自治县东南部，素有“龙胜南大门”之称。此地山川绵延，恰似巨龙之脊，梯田叠翠，犹如龙鳞闪耀，故得名“龙脊”。龙脊之上，连绵成片的梯田辽阔达66平方千米，最高坡度50度，世人称之为“龙脊梯田”。

龙脊梯田被誉为“世界梯田原乡”，开垦历史已超过700年。在这片天梯山地上，依山而建的干栏式壮瑶村寨与梯田相映成趣，农耕文化与自然景观和谐共存。一山一石、一草一木，一衣一食，皆凝聚着壮族、瑶族人民的勤劳与智慧。

龙脊镇为第四批自治区民族团结进步示范区示范单位，全国“一村一品”示范村镇。2017年，广西龙胜龙脊梯田系统作为“中国南方山地稻作梯田系统”的重要组成部分，荣膺“全球重要农业文化遗产”称号。龙脊梯田地区的众村落中，金竹壮寨2014年入选首批“中国少数民族特色村寨”名录，2015年入选第三批“中国传统村落”名录；小寨村2017年入选第四批“中国传统村落”名录；大寨村荣获“中国经典村落景观”“国家生态村”等称号，2022年还成为广西首个由联合国世界旅游组织评定的“最佳旅游乡村”。

总 序

广西壮族自治区地域广阔，山海相望，河流纵横。在这片南疆大地上，各族人民融洽相处、团结一致、积极用世，共同建设栖居之地和精神家园，形成诸多迄今为止仍全部保留或部分保留着农耕文明基因的村寨及乡镇。以农民为主体的乡土文化，与精英文化、市井文化长期互相依存，在孕育各具形态的社会生活的同时，各美其美，互相映耀，成为建构光辉灿烂的中华文化的丰富资源，承载着国人共同的历史记忆。逢此盛世，包括少数民族文化在内的乡村文化，劲挺焕发出蓬勃的朝气和活力，与城市化的进程同步，在继承往日传统的基础上，依据自身当下的条件，不息创设着具有自己特色的文化生活，呈现出生机勃勃和丰富多彩的文化事象。

在广西壮族自治区党委的领导下，经过多年努力，包括传统民居在内的广西大量历史建筑得到较好保护，形成了规模较大、内容和价值较丰富、活态传承的农耕文明遗产保护群。截至2024年，广西入选国家级、自治区（省）级“传统村落”“历史文化名镇名村”“少数民族特色村寨”“美丽休闲乡村”等名录的村落，合计超过800个（次）。这些具有地域特点、民族特色的乡土村落，是广西优秀文化的一部分，是中华民族共同体的瑰宝，是值得继续传承、有待不断开发的物质资源和精神资源。

习近平总书记先后指出，“乡村文明是中华民族文明史的主体，村庄是这种文明的载体”，“乡村振兴，既要塑形，也要铸魂”。重塑乡土文化，建设乡村精神家园，筑牢乡村振兴之根，确保乡村社会的持续稳定发展，既有重要意义，也是现实需要。

为贯彻落实党的二十大精神和习近平文化思想，广西壮族自治区党委宣传部指导策划，广西出版传媒集团组织漓江出版社的编创团队出版“广西村落文化丛书”，重点对广西村落的发展历史、建筑风貌、民居样态、民众生产生活方式、文化艺术结晶和民族地域特色等进行系统梳理，挖掘、整理蕴含在村落中的最具感染力、传播力的文化元素。本丛书被列入广西优秀传统文化出版工程，以区内20个秉具特色的村落为载体，书写中华文明史上的广西篇章、广西故事。

“广西村落文化丛书”推出的村落，基本上是迄今为止仍全部保留或部分保留着农耕文明基因的村寨或乡镇。所谓特色，指承载有乡土文明、地理特点、民族特性、历史意义，以及物质、社会和精神文化优秀传统的特征。这些特征涵盖了历史、政治、经济、教育、文化、自然、地理等方面，以及与此相关的发展脉络、山水风光、村落景象、公共设施、历史人物，乃至具体的商埠、街巷、建筑、物产、民俗、节庆、歌谣、饮食、服饰等，对它们的书写都是挖掘“村落文化”的题中应有之义。不同地域的物产资源与气候条件，决定着不同地域适宜人居的村落形制；不同的民族村落，又折射出不同民族的文化精神与审美情趣。

本丛书遴选的村落，覆盖广西14个设区市，涵括广西的四大古镇，包含汉、壮、侗、苗、瑶等多个民族特色村寨，选入少量独具广西特色的仫佬族、毛南族、京族村落，同时兼顾文旅基础好、广西文旅部门重点打造的村落。为踏实求真地完成这套丛书，作者们大量查阅典籍、方志，多次实地调研、访谈，多以“准史志”的严谨文字来写作，偶有散文笔调的呈示，也意在使史实的叙事轻快鲜活，为读者理解文本而创设情境。诚然，20个村落的丛书叙事难说全方位地反映了广西村落文化面貌，但由于每个村落都是一个“小世界”，其形貌、特性各有不同，故一定程度上仍可说，丛书不啻是广西异彩纷呈的地域文化和民族村落特色的缩影。因之，这些村落就不只是某个市县的地理乡镇，也不只是某个作者个体视角的村落印象，而是基于现实的记史、纪实的乡土影像，是包含了地理环境、历史脉络、文化积累和当下关注的宏大画卷。

本丛书兼顾历史性和当下现实关怀，既溯及村落们的过往，也描绘其当今的发展状况，蕴含着浓烈的时代精神，呼应了习近平总书记关于乡村振兴的战略思想。广西广大农村的各族群众长期居于乡村，他们热爱乡村、建设乡村，乡间一切物质与精神的积淀，更是注入民众血肉和灵魂的所在。凡是能够世代流传直至今日的良好的村落文化事象，必然是符合民意民情、具有强劲生命活力的，其赓续的功效，无疑地，既体现在精神层面，也体现在物质层面。新时代乡村的建设者，或可从中收获宝贵而又可靠的经验。

目录

前言

越城岭，中国五岭之一，素称“五岭”中最险峻的山峰，也是红军长征途中首座翻越的难关。毛泽东在《七律 · 长征》中写道：“五岭逶迤腾细浪”，其中的“五岭”便包含了越城岭。

越城岭的山脉向西北绵延着巍峨之势，在这崇山峻岭之间，隐匿着一片被时光轻抚的秘境——龙脊镇。

清乾隆六年（1741 年）之前，龙脊镇属地由义宁县桑江巡检司辖。1952 年 12 月 26 日，更名为和平乡。2014 年 1 月 2 日，和平乡由乡建制改为镇建制，并更名为龙脊镇。

龙脊镇位于桂林市龙胜各族自治县东南部，全镇以山地为主，总面积为 237.3 平方千米，主要居住着瑶、壮、汉等民族，少数民族人口占全镇总人口的84.5%。

龙脊镇最为世人所熟知的应属那连绵的梯田。作为龙脊镇的灵魂所在，龙脊梯田四季风光各异，有着无可比拟的和谐美、节律美。世代传承的造田技术与“十二道”农活，在稻浪间绵延了数百年，成为世代相传的耕作记忆。各民族村寨水乳交融的生活氛围，孕育出别具特色的民族文化。龙脊梯田系统范围涵盖龙脊、平安、中六等11个行政村，包含了龙脊梯田景区内的所有梯田，并以龙脊古壮寨梯田、平安壮族梯田和金坑·大寨红瑶梯田（也称金坑红瑶梯田，以下简称“金坑梯田”）三个次级梯田系统为核心区总面积约66平方千米，最大坡度达50度。2011年4月，龙脊梯田景区被评为国家AAAA级旅游景区。2014年5月，广西龙脊梯田系统被认定为第二批中国重要农业文化遗产。2017年11月，广西龙胜龙脊梯田系统作为“中国南方山地稻作梯田系统”的重要组成部分，荣膺“全球重要农业文化遗产”称号，成为全国22处全球重要农业文化遗产（GIAHS）之一。龙脊镇大寨村荣获“中国经典村落景观”“国家生态村”等称号，还成为广西首个成功入选2022年联合国世界旅游组织“最佳旅游乡村”的村寨。

梯田是龙脊人民世世代代生活的基石，也是他们精神的归宿。在漫长的岁月中，龙脊人不断地适应山地环境，充分利用山地资源进行农业开发，以不屈不挠的精神，创造出了人间奇迹，成为山地农业的典范。龙脊人在这片土地上繁衍生息，与这片山地天人合一、共生共荣，衍生出了丰富多彩的梯田文化，这种文化涵盖了稻作、建筑、服饰、美食和习俗等各个方面，这些元素相互融合，共同构建了龙脊人独特的精神世界，绚烂多姿，光彩照人。

本书以梯田文化为主线，重点介绍了龙脊镇的龙脊十三寨、金坑四寨及周边其他村寨耕山造田、收获物产、建筑服饰、民俗节庆等文化内容。书中，文字与图片交织，努力捕捉梯田四季变化的绝美瞬间，挖掘梯田背后的故事与情感，只愿能将龙脊的每一寸土地、每一粒稻谷、每一个笑容，化作音符，奏响一曲关于自然、文化和生命的赞歌。期望通过这本书，让更多的人了解龙脊、关注龙脊、热爱龙脊，共同守护这片神奇的土地和它孕育的梯田文化。

龙之脊

▼龙脊镇原名和平乡，位于龙胜各族自治县的东南部。

夏日里的龙脊梯田　潘志祥／摄

龙胜，又名桑江

桑江，万山环峙，五水分流。

这是刻于清乾隆年间的《新建桑江工程碑记》上开篇的一句话。桑江是龙胜的古称。

这句话高度概括了龙胜的地形。

龙胜地处越城岭山脉西南麓，是一个以山地为主的山区县。全县总面积 2538 平方千米，其中山地面积占据了 87.2%，而田垌、河流和狭长谷地等平地面积仅占少数，形成了独特的“九山半水半分田”的地貌特征。

十分龙胜，九分山，龙胜几乎是有地皆山。其山峦雄拔杰出，巍峨磅礴。境内诸山属南岭山脉。这些山如同战马驰骋，从东、南、北三个方向向西延绵，整体由高渐低，逶迤而去。境内一半的山地海拔在 700—800 米之间，群山之首、海拔之最当数县境东面的福平包，高达 1916 米，尽显其雄壮磅礴之势，跟该县与三江交界处的桑江河段海拔仅有 153 米的石门塘形成鲜明对比，展示出龙胜多样的山地风貌。宋代诗人张方平在《青泥岭》写的“萦纡断涧千寻曲，回合危峦万叠苍”诗句，用来形容龙胜山地的幽深和险峻，最为贴切不过。

除了九分山，还有半分水。龙胜地区属于亚热带气候区，受季风影响显著，雨量丰沛，加上山地集雨面积广大，地表径流量大增，因此，龙胜的溪流纵横交错，水系错综复杂。

龙胜最大的河流是由东北向西贯穿县境的桑江，它是龙胜的母亲河。龙胜的轮廓像一片枫叶，桑江就是这片枫叶中间的主叶脉。桑江因沿岸桑树众多而得名，在“龙胜”之名还没叫响之前，龙胜地区在古时候一直被称为“桑江”。

桑江龙胜县城河段　韦吉阳／摄

作为浔江的上游，桑江自贝子河口至石门塘绵延而下，穿越江底、泗水、龙胜、瓢里 4 个乡镇。在龙胜各族自治县界内，它辗转 88 千米，包容吸纳南北两大水系的支流，其中主要支流东有芙蓉河，南有和平河，中有平寨河，西有三门河，北有平等河等，全县 480 多条大小溪河，如同叶片的细脉一般，共同注入桑江这条生命之源的主脉。桑江水系所经之地，山林葱郁，四季常青。在青山的怀抱中，仿佛隐匿着一座座静谧的绿色水库，滋润着这片连绵起伏的土地。

《新建桑江工程碑记》开篇还写到，桑江“为桂林西北藩蔽”。这里所提到的“藩蔽”，意指具有防御或遮蔽作用的屏障。这句话恰到好处地揭示了龙胜独特的地理位置。龙胜的全称是龙胜各族自治县，位于湘、黔、桂三省（区）交会之地，坐落在广西东北部、桂林的西北部，地处越城岭山脉西南麓的湘桂边陲地区，在地理上的确起到藩蔽的作用。而由于独特的地理位置，龙胜历史上的更迭注定如滔滔桑江之水，跌宕起伏，坎坷曲折。

据《龙胜县志》（1992 年版）记载，在两汉、三国时期，这里属于荆州武陵郡镡城县地。到了晋朝至隋朝时期，则为始安郡地（郡治桂州，今桂林）。唐龙朔二年（662 年）置灵川县，龙胜地区属于灵川县管辖。五代后，晋天福八年（943 年），置义宁县，龙胜成为义宁县的一部分。宋、元、明三代，龙胜一直隶属于义宁县。

直到清乾隆六年（1741 年），清政府为了平定侗、苗、瑶、壮民族武装起义，将桑江司管辖的义宁县西北部置为龙胜理苗分府（亦称龙胜厅），委“理苗通判”治县建署，直属桂林府，这也是龙胜这个名字首次出现在官方文件中。此后，这片地区的政治地位不断提升，到了 1912 年，龙胜厅改为龙胜县，属桂林府（后改为道、区）。中华人民共和国成立之后，仍称“龙胜县”，属桂林专区。1951 年 8 月 19 日，龙胜实行民族区域自治，改称“龙胜各族联合自治区（县级）”。1955 年 9 月改称“龙胜各族联合自治县”。1956 年 12 月改称“龙胜各族自治县”。

九山半水半分田，这“半分田”就是今天举世闻名的龙脊梯田。九山巍峨耸立，展现出龙胜的雄奇俊伟；半分桑江水在山谷间静静流淌，流淌着无尽的历史与文化，流淌着不尽的风流韵味；半分龙脊梯田养育着在这片古老而神秘的土地上生息的一代又一代的龙脊人，如同那久远的瑶歌，在诉说着岁月的沧桑和这片山河的辉煌。

龙之脊，天下田

龙脊镇位于龙胜各族自治县的东南部，辖和平、大柳、白水、摆岭、岳武、白石、金江、龙脊、黄江、平安、马海、中六、大寨、小寨、江柳15个行政村以及1个居委会，辖地、名称有过多次变化。

清乾隆六年（1741 年）前，龙脊镇属义宁县桑江巡检司。清乾隆六年设龙胜厅后，龙脊镇归龙胜厅南团辖。1916 年属南区，1933 年改属镇南乡。1952 年 5 月起，龙脊镇属第二区，为官衙乡，同年 12 月 26 日，更名为和平乡。1958 年 8 月 30 日成立公社，1984 年 8 月改公社为乡。2014 年 1 月 2 日，和平乡改名龙脊镇。

据当地人介绍，早期定居在龙脊区域的居民是来自湖南紫鹊界的苗族和瑶族先民。他们在这里开山造田，最早定居在龙脊山下的大寨村，随着居民的繁衍生息，逐渐分布到周边山头。龙脊区域内各村寨的命名方式很有特点。如田头寨因为地处梯田的头部，所以叫田头寨；新寨是新盖的寨子，所以被命名为新寨；大茅寨所在的地方曾经是一片荒山，“大茅”在方言中正是荒地的意思。山脉若游龙起伏，而梯田像龙脊山的片片鳞甲，“龙脊”之名，形象生动。

贯穿龙脊镇的和平河位于龙胜地区的中南部，它是桑江众多支流之一。溯流而上，在和平河的左侧，有一条向东延伸的支流，那便是孕育了被誉为世界梯田原乡龙脊梯田的金江河。

龙脊镇的东北部与江底乡接壤，北面毗邻泗水乡，西侧紧邻龙胜镇，东南方与灵川县的九屋镇、兰田瑶族乡相邻，南面则与临桂区宛田瑶族乡相连。地势随着猫儿山山脉的走向由东北而西南逐渐低落，大部分地区为山体陡坡，山岭跌宕起伏。这片山地的海拔在 238—1916.4 米之间，高矮变化多端。龙胜的高山众多，在海拔超过 1500 米的 21 座高峰中，有 3 座位于龙脊镇境内，分别是竹山（海拔 1629 米，东北—西南走向，当地人称为龙脊山）、锅底塘顶（海拔 1722 米，东北—西南走向）和福平包（海拔 1916 米，西北—东南走向，位于大寨北侧）。三座高山围成一个向金江河下游开口的口袋形状，将金江河及两岸的龙脊十三寨和金坑四寨揽入怀中。

龙脊十三寨和金坑四寨等是金江河流域的主要村寨。

“龙脊十三寨，寨寨十三家，家家十三个，个个两公婆。”这是流行于龙胜的民间俗语，从一个侧面反映了当地村寨聚集、人口众多的景象。寨子，是当地人日常生产生活的基本单位。在由龙脊山脉和金竹山脉围合起来的山水间，至今仍分布着由壮、瑶、汉等民族共同拓荒建设的 13 个传统村寨，合称“龙脊十三寨”。

龙脊十三寨坐落于金江河的中游地带，地理范围包括金江河两侧东西延伸约 8000 米、南北跨度 5000 米的区域，它们呈散落状分布，村寨海拔在 300—1000 米之间。其北面是龙脊山，南面是金竹山，西至白石电站，东至二龙河口。这里的地形特征可以概括为“两山夹一水”，其中“一水”指的就是自东北向西南贯穿的金江河，“两山”则是指位于金江河东南岸的金竹山和西北岸的龙脊山。众多溪流从龙脊山和金竹山蜿蜒而下，最终汇入金江河。大约 700

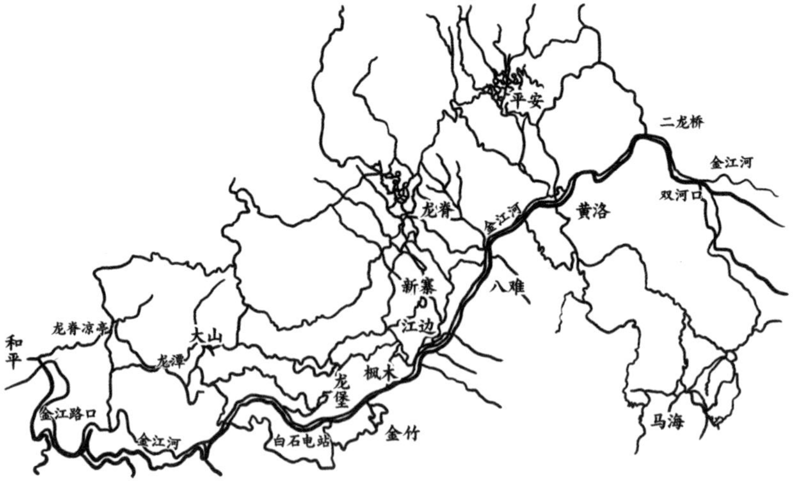

龙脊十三寨布局　黄璐霜 / 绘

年前，龙脊居民的祖先们来到此地，开垦了梯田。龙脊十三寨由龙脊、平安、马海和金江 4 个行政村组成，包括 20 多个十几户到 120 多户不等的自然村（寨）。其中，规模较大的村寨有 13 个：廖家寨、侯家寨、平寨、平段寨（以上四寨现合称龙脊村，也叫龙脊古壮寨）、平安寨、马海寨、金竹寨、龙堡寨、新寨、江边寨、八难寨、枫木寨和黄洛寨。除黄洛寨是红瑶寨子外，其他都是壮族寨子。封闭的自然环境，使得龙脊的壮族和瑶族村寨形成了一个相对独立的社区。在历史上，这里曾出现过一个由十三寨头人（寨老）组成的自治组织，实行以头人组织为基础的地方自治制度，这就是著名的龙脊十三寨头人制度，亦称都老制。这种制度是血缘关系和地缘政治相结合的产物，龙脊十三寨也因此得名。龙脊十三寨是一个多血缘聚落，各寨主要由单姓家族构成。通常情况下，每个寨子设有 2—3 位头人，他们依据乡约负责管理村寨的公共事务，并解决社会矛盾。在廖家寨西寨门旁的清光绪九年（1883 年）的残碑上刻有“头人有巡照匪情弹压地方之责……私举情事并诏其罪”字样，这表明当时清政府认可了头人在地方治理中的职能和地位。头人由寨民推选产生，一般由当地最有威望、行事最为正派、学识最为渊博的壮年男子来担任。头人体现了寨民的民意，一旦失去公信力，就会失去头人资格。到民国实行保甲制度后，头人的作用逐渐消失。1949 年以后，其作用被村长、生产队队长、组长等代替。

龙脊十三寨中的核心村寨是龙脊古壮寨，位于金江河北侧。这个古壮寨已有430多年的历史。据龙脊古壮寨里的廖姓、侯姓家族族谱以及潘家祖坟碑刻记载，三姓祖先均来自南丹庆远府。其中，廖姓人家于明代万历年间（1573—1620年）迁入现居地。龙脊古壮寨现在拥有304户家庭共1100多名居民，有着广西乃至全国保存最完整、最古老、规模最大的壮族干栏式吊脚木楼建筑群。村内有

通往木楼第二层的木梯　卢初龙／摄

5处超过100年历史的木楼，最老的木楼有250年历史。这些木楼多为两层结构，上层住人，一般有三开间或五开间，而下层则多用竹片、木板镶拼为墙，作为畜厩或堆放农具、柴火、杂物之用。有的木楼还设有阁楼及附属建筑。历经数百年沧桑，这些木楼依然屹立不倒，无论是250年历史的老木楼，还是其他超过百年的木楼，都展现了壮族人民高超的建筑技艺和智慧。这些木楼与周边梯田相互映照，形成美丽画卷。除了建筑文化，龙脊古壮寨还有独特的壮族石刻文化，如莫一大王石像、三鱼共首石刻以及石寨门等石刻艺术品。此外，还有太平清缸、廉政碑以及康熙年间的兵营旧址等珍贵文物古迹。

金江河的上游区域是红瑶的聚居地，称为金坑四寨，包括大寨、小寨、江柳、中六4个行政村，主要居民为红瑶人。大寨村由大寨、壮界、新寨、大毛界、田头寨、大虎山等村寨组成；小寨村则包括满田、枕木冲、大挂坪、冲头、界上田等村寨；江柳村有旧屋、翁柳、翁江、余家寨等村寨；中六村则由一二三四五组、余家组、下布一二三组、苇杆组、江白组、蔡家组等组成。大寨是金坑四寨的核心村寨，也是金坑梯田的心脏地带。目前，大寨的6个自然村屯共设有15个村民小组，总共有299户家庭，人口达到1390人。村内主要姓氏有潘、余、陈、黄，其中潘姓人口占绝大多数。潘、余两姓人属于瑶族，他们居住在几个彼此相距不远的寨子中，而陈、黄两姓人则是汉族，他们的居住地距离村子中心较远，位于大虎山一带。根据周大鸣、范涛主编的《龙脊双寨》所述，潘姓的祖先们在明朝时期自山东青州大港迁徙而来，其中包括潘文干、潘文正、潘文亮、潘文七四兄弟。如今，大寨村的潘姓村民均为潘文干和潘文正的后代。而余姓村民则主要定居于壮界寨，数量相对较少。余姓村民的祖先则是从山后的泗水细门村迁徙而至。在 2003 年公路开通之前，由于交通不便，大寨村与外界的联系相对隔绝，社会历史发展缓慢，经济状况亦较为落后。然而，随着交通的改善，金坑梯田的壮丽景色开始声名远播，吸引了来自世界各地的游客前来旅游和观光，极大地促进了当地经济的发展。

金江河蜿蜒流淌，自东北向西南延伸，依龙脊山走势铺展，连接着龙脊十三寨与金坑四寨。在这片山河之间，勤劳的龙脊人开辟了壮观的龙脊梯田。

龙脊梯田，因坐落于龙脊山而得名，其地理位置为东经 109° 32′—110° 14′、北纬 25° 35′—26° 17′。梯田的垂直高度差达到 800 米，其中最高处的梯田海拔为 1180 米。龙脊梯田距离县城仅 22 千米，离桂林市区约 80 千米。这片梯田群的总面积约为 66 平方千米，包括龙脊古壮寨梯田观景区、平安壮族梯田观景区以及金坑·大寨红瑶梯田观景区。龙脊梯田以其独特的农业文化、生态环境和旅游价值，赢得了众多荣誉。其中最引人瞩目的是两个世界级的奖项：2017 年，广西龙胜龙脊梯田系统作为“中国南方

千层天梯二号观景台　卢初龙 / 摄

山地稻作梯田系统”的重要组成部分，通过联合国粮农组织评审，正式被认定为全球重要农业文化遗产。2022 年，龙脊的大寨入选联合国世界旅游组织“最佳旅游乡村”。这些荣誉不仅是对龙脊梯田美景的肯定，更是对这片土地上世代传承的农耕文化的认可。

龙脊梯田与云南的元阳梯田齐名，元阳梯田被誉为“地球上人类手指上的杰作”，展现出梯田的宏伟壮观，而龙脊梯田则被誉为“世界梯田原乡”，凸显了其峻峭秀美的独特魅力。龙脊梯田著名的景点有平安梯田的“七星伴月”“九龙五虎”，金坑梯田的“千层天梯”“西山韶乐”“金佛顶”。这几个景点各有千秋，独具特色。“七星伴月”位于平安寨西面，七个小山包宛如七颗星星环绕着一轮明月，构成了

在冬闲时节，“九龙五虎”的梯田被装点上了灯光秀，夜幕降临之时，整个景区瞬间变得如梦如幻，如一个光与影的魔法世界　黄春华／摄

一幅如诗如画的景致。在晨雾缭绕中或夕阳映照下，它宛如人间仙境。“九龙五虎”位于平安寨东北面，此景点因山形走势而得名，九条山脊蜿蜒而下，如九条龙般壮观，五个小山包则像五只猛虎般雄踞其间。这里的梯田线条流畅，美不胜收。“千层天梯”位于大寨的南面，是金坑梯田的标志性景点，梯田如千层天梯般直上云霄，气势恢宏。这里的梯田面积广阔，层层叠叠，仿佛是大地的指纹。“西山韶

乐”位于大寨的西面，每当夕阳西下时，金色的阳光洒满梯田，仿佛奏响了一曲大自然的交响乐。这里的景色宁静而致远，让人心旷神怡。“金佛顶”位于大寨的北面，是龙脊梯田的最高点，站在这里可以俯瞰整个梯田景观。这里的景色壮丽而震撼，是拍摄梯田全景的最佳位置。

登上高地，极目远望，龙脊山群峰宛如蜿蜒起伏的龙脊，气势磅礴。梯田层叠，犹如片片龙鳞，闪烁着璀璨的

翡翠之光。这片土地，名为龙脊，充满了无数传说与神秘色彩，承载着厚重的历史与文化底蕴。仿佛自古以来，这里就蕴藏着神秘的力量，让人感受到无尽的震撼与惊叹。

宛转苍龙脊，蜿蜒天地间。龙脊，如今它不单单是一山一村一镇的专用名词，还是金江河流域梯田的总称，龙胜梯田的代称，更有响当当的世界梯田原乡的名号。

金坑云海　潘志祥／摄

原乡

▼在崇山峻岭之中，龙脊人披荆斩棘，与天斗，与地争，在一个个丛莽芜杂的山坡上开垦出一层又一层直上山巅的田块，灌水犁田种植水稻。

秋天，梯田层叠，犹如龙鳞
潘志祥 / 摄

耕山之路

“水无涓滴不为用，山到崔嵬犹力耕”，对于依山而耕的龙脊先民来说，土地就是命，为了生存，他们合力在一个个丛莽芜杂的山坡上开垦出一层又一层直上山顶的田块，灌水犁田种植水稻。从河谷到白云缭绕的山顶，从万木葱茏的林边到石壁陡崖前，凡有土之地，均拓开梯田，凡有水所在，亦挖掘沟渠。经过一代又一代人的努力，才有了今天人们看到的“层层梯田绕山村，条条渠道涌山泉”的龙脊梯田。

龙脊首位居民及其入住时间，已无从考证。

《龙胜县志》记载，龙脊梯田始建于元朝，成形于明朝，完工于清初，距今已有700多年的历史。而在2015年龙胜各族自治县政府组织考古学、历史学、民族学等

专家对龙胜梯田进行的系统考察中，专家认为，龙胜所处的南岭山地距今12000—6000年就已栽培粳稻，是世界人工栽培稻的发源地之一。从文献的角度，关于龙脊地区早期历史的文献极端匮乏，只能根据口传历史和少量的族谱、墓志等渠道，窥见龙脊地区早期历史的冰山一角。

龙脊古壮寨　韦吉阳／摄

坚韧不拔的瑶族人是龙脊地区较早的开拓者与耕耘者。他们是龙脊金江河谷地区的拓荒先锋，尤其是盘瑶人。他们的分布虽然零散，但生活的智慧与毅力却不容小觑。在生产力相对落后的条件下，他们一家一户，各自搭建简陋的棚屋作为家园，以狩猎为主，辅以种植少量的玉米和红薯，维系着生活。当食物变得稀缺时，他们不得不迁徙至新的山头。因为自然灾害及战争等多种原因，生活在这里的盘瑶人被迫转移至环境条件更加艰苦的地方，继续他们的生活和繁衍。

金江河的灵秀同样吸引了红瑶人的到来。红瑶，一支深居山林、崇尚自然的古老族群，他们的到来，仿佛为这条灵动的江河注入了新的生命力。龙胜红瑶的历史可谓源远流长，自汉代起，从湘江、资江、沅江流域的中下游和洞庭湖一带逐步迁徙而来，在龙胜境内繁衍生息。据宋周去非的《岭外代答》记载："汉武平南越，发夜郎，下牂牁，非由融州，则何自而至南越哉？今静江府桑江寨，其水亦合于融江之上流，或云桑江，亦牂牁音之讹也。大抵融州之西，为蜀之南，地本接连，但隔于蛮瑶，不可通耳。"周去非推测，早在汉代，桑江一带就已成为瑶民的聚居地，且势力颇为强大。

宋范成大在《桂海虞衡志》中记载："瑶，本五溪盘瓠之后，其壤接广右者，静江之兴安、义宁、古县，融州之融水、怀远县界皆有之。生深山重溪中，椎髻跣足，不供征役，各以其远近为伍。”南宋乾道九年（1173 年），时任静江府（今桂林）兼广西经略安抚使的范成大采取结团设寨的方法管控地方，将“静江管下溪洞徭人，结成五十五团，置桑江寨以统蜀之”。这证明当时桑江地区已有大量的瑶族居民。传说中，桑江是因为过去红瑶族群曾居住于桑江沿岸，两岸广泛种植桑树而得名。

经过历史的演变和多种因素的共同作用，红瑶人逐步由沿河地带向半山及高山区域迁移，并在此过程中形成了聚居群落。他们大多选择顺和平河、金江河为迁徙路线，最终在龙脊山、福平包周边地区定居下来。福平包南面的大寨、小寨、江柳、中六合称金坑四寨，是龙胜红瑶的主要聚居地。原先，红瑶先民以打猎、摘取野菌、挖掘野薯、寻找野菜等方式维持生计。随着时间的推移，他们开始采用刀耕火种的方式种植杂粮。宋周去非所著的《岭外代答》写到，宋代时期，广西北部山区包括红瑶在内的瑶族先民“耕山为生，以粟、豆、芋魁充粮”，还提到瑶族地区“其稻田无几，年丰则安居巢穴，一或饥馑，则四出扰攘”。由此可见，当时尽管存在一些水田，但收成甚少。到了宋末元初时期，红瑶先民开始使用铁制农具，并在明清时期普及。工具的改进，在一定程度上提高了生产力水平，加快了耕山种稻的进程。

明万历年间（1573—1620 年），龙脊地区迎来了民族多元化的关键转折点。至清乾隆初年龙胜厅建立，约一个半世纪的时间里，一些壮族民众在龙脊十三寨逐渐定居，发展并巩固了他们的地位。这些壮族人主要是从广西南部的南丹、庆远（今宜州一带）等地陆续迁徙到龙脊地区的。壮族先民中最早迁入的是廖家寨的廖姓、侯家寨的侯姓以及平寨和平段寨的潘姓人家。这 4 个寨子一起构成了现今龙脊地区规模最大的村寨——龙脊古壮寨。随着时间的推移，各姓人口逐渐增长并向周边地区扩散，进而形成了平安、金竹、马海等寨子，共同组建成防御同盟“龙脊十三寨”。值得注意的是，在十三寨中，唯一的瑶族寨子——黄洛寨的村民是在壮族人定居之后从大寨迁移而来的。据龙脊镇廖氏家谱载录，明神宗万历九年（1581 年）三月初六，上祖廖公承购置了土地，并将各地土地均匀分配。次孙登仁继承了祖业，在龙脊一带拥有开垦山林、耕种土地的权利，并以此作为养育子孙的基业。因此，廖登仁被普遍尊称为龙脊十三寨廖姓壮族人的始祖。

明万历年之前可以算作龙脊开发的初始阶段，主体是瑶族（盘瑶或红瑶）人，开发手段比较原始，成规模梯田开垦的可能性不大。直到壮族人入驻，龙脊十三寨建立，红瑶人迁移到金江河上游福平包周围，金坑红瑶四寨壮大，龙脊梯田的开垦开始进入大规模开发阶段。

“好个密密村，好个密密垌，种粳得吃，种糯得收……”龙脊稻作的初步成功，吸引着来自四面八方的人们，来到龙脊的汉族先民也纷纷加入开垦梯田的行列。当时的开田山歌唱道："月亮还做梦，火把照天红。不等太阳醒，就得上早工。挖山地皮动，挑担脚生风。田往龙脊开，从此不受穷。"

生活在这里的各族人民为了生存而勇敢开拓。没有田，那就辟田！没有水，那就植林！他们在这片土地上经久不息地征战，合成了一曲气势恢宏的天地交响曲。他们开山造地、引水灌溉，将稻作生产技术发展到了新高度。一方面，梯田的宏大规模让田坑除草工作量倍增，龙脊先民根据实地生产需要，创造了砍刀式的铲草刀。另一方面，为适应山地小田块的耕作，除使用牛耕外，还采用父子、兄弟、夫妇耦耕的方式犁田、耙田。至今，龙脊镇各村寨依然保留着耦耕这一古老的耕作方式。

龙脊镇红瑶人聚居的核心地带大寨，在其寨口河畔保留着一块呈三角形的始祖田。而在壮族人聚居的龙脊古壮寨，同样也在寨子附近的山腰之上维护着一块始祖田。这些始祖田，是龙脊人的根与魂，就像一张生动的族谱分支图，瓜瓞绵绵，不断发展壮大，耕山成海。

大寨寨口河畔保留着的呈三角形的始祖田
卢初龙／摄

大寨始祖田旁边的始祖石像
卢初龙／摄

稻之道

何为梯田?

梯田是一种独特的农业景观，它是通过改变地表形态，在丘陵山坡地上沿等高线方向修筑的条状阶台式或波浪式断面的田地，边缘筑有田埂以防止水土流失，外形看起来呈阶梯状，故得名梯田。它不仅有效防止了水土流失，还兼具蓄水、保土、增产的多重功效。良好的通风透光条件，为作物的生长提供了优越的环境，促进了营养物质的积累。根据坡度的不同，梯田可分为水平、坡式、复式等类型，水平梯田适合种植水稻和果树。

这种耕作方式主要出现在地形起伏较大的地区，遍布中国、意大利、葡萄牙、日本等多个国家，为全球的亿万民众带来了福祉。千百年来，人们的不懈努力不仅提升了生态效益，更显著改善了民众的生活质量，赋予了梯田生态与文化的双重价值。广西的龙脊梯田，作为南方稻作梯田的杰出代表，历史悠久，是中国三大古代农业梯田之一，并于 2017 年被认定为全球重要农业文化遗产。

龙脊梯田的开垦，与世界上其他著名的梯田一样，是天时、地利与人力共同作用的结晶，展现了人定胜天的钢铁意志和艰苦奋斗精神。这片梯田景观，是人与自然和谐共生的典范，也是人类在恶劣的自然条件下，不断探索适应山地生态系统的特有方式。

元代王祯在《农书》中阐述："梯田，谓梯山为田也。夫山多地少之处，除磊石及峭壁例同不毛，其余所在土山，下自横麓，上至危巅，一体之间，裁作重磴，即可种艺。如土石相半，则必叠石相次，包土成田。又有山势峻极，不可展足，播殖之际，人则伛偻蚁沿而上，耨土而种，蹑坎而耘。此山田不等，自下登陟，俱若梯磴，故总曰'梯田'。"王祯系统地叙述了梯田的分类、布设及修筑方法。龙脊先民在这个方法的基础上，因地制宜进行摸索创新，创造出了这片世界梯田原乡标本式的杰作。

龙脊山与福平包层峦叠嶂，从山脚至山巅，甚少平地。瑶族与壮族的先民们曾避难于此，面对虎豹环伺的险恶环境，他们敬畏大山，寻求大山的庇护。起初，他们以狩猎为生，时刻警惕着野兽的威胁。然而，狩猎

并非长久之计。于是，他们开始效仿其他地区的耕作方式，来改造这片陡峭险峻的山林，创造了这一片片壮观的梯田。

在开垦初期，这片原始森林中古木参天，荆棘密布，巨石盘根错节。勤劳且智慧的龙脊先民们凭着简陋的工具，甚至是竹片，披荆斩棘，填土造田，精心筑造出一片片梯田。面对无法用炸药开破的巨石，他们发挥智慧，用木柴和枝叶覆盖，生火焚烧，直至石头烧红，再浇以冷水使其崩裂破碎，化整为零。他们以愚公移山的精神，在这片崇

梯田层叠　潘志祥 / 摄

山峻岭之上，开垦出层层叠叠的梯田，每一块都凝聚着他们的汗水与才智。

这些梯田宛若大地的指纹，环环相扣，层层叠叠，又宛如龙脊上的绿色丝带，有的长达数百米，沿着山势蜿蜒。梯田的每级田基高度也因坡度不同而有所变化，较高的有三四米，甚至更高。梯田从海拔 300 米攀升至 1100 米，坡度在 26 度至 50 度之间，梯级多达 1100 余级。田块大小不一，有的宽至 8 米，有的仅能容纳一排禾苗。最大的田块不过一亩，而最小的仅能种植 3 株禾苗，有“青蛙一跳三块田”和“一床蓑衣盖过田”的说法。据传，古时候有一名长工，早上带着午饭去挖掘田地，田主告诉他必须挖完山脚下的二百零六块田才能回家。这名能干的长工不到日落便完成了任务，他从低处数到高处，又从高处数到低处，发现始终少了一块田，怎么也找不到那块未挖过的田地。直到他拿起早晨下雨时穿的蓑衣，才发现原来那块田被蓑衣遮盖了。关于梯田的传说很多，这只是其中的一种。

龙脊梯田和哈尼梯田的农业生态系统在设计和功能上有许多相似之处，都体现了少数民族人民的智慧与勤劳。二者都是由森林、水系、村寨和梯田四度同构的良性循环的复杂系统，都采用了复合生态系统模式，这种模式不仅提高了农业生产效率，还促进了生态平衡。在这个系统中，水的作用无可替代。龙脊人深知水的重要性，他们把水视为生命之源，认为有了水，才能滋养森林，进而涵养土地，形成田地，最终孕育出粮食和生命。可以说，水是龙脊梯田的生命之源与生态之魂。

龙脊梯田的精髓在于“田随水走”，“水有多高，田有多高”。只要有水流灌溉的地方，几乎都被开垦成了梯田。造田之初，龙脊先民首要考虑的就是水源。宋代方勺在《泊宅编》中记载，福建地区“垦山垄为田，层起如阶级，然每远引溪谷水以灌溉”，这表明，耕山造田时，需远引溪谷水以灌溉。在龙脊地区，古老的谚语，如“先有水沟再有田”“龙脊需要千条沟”也深刻体现了当地的先民们对水资源重要性的独特见解。

龙脊梯田地处亚热带季风气候区，湿润的气候为梯田提供了充沛的雨量。尤其是夏季，受副热带高压的影响，东南季风带来充足的降雨，使得龙脊地区的年降雨量保持在 1500—2400 毫米之间。然而，受地形和海拔的影响，降雨时空分布并不均匀。但正是这种不均匀的降雨分布，加上龙脊人的巧妙利用和调节，才使得梯田得以在复杂多变的山地环境中生生不息。

除了降雨，龙脊梯田的水源还有另一个重要的来源——森林植被。龙脊地区的先民们意识到，山林是涵养水源的天然水库。因此，在开辟梯田的过程中，他们并未将林木砍伐殆尽，而是在山顶实施封山育林、严加保护的措施。这些山林为梯田提供了充足的水源，通过其强大的生态功能，拦截雨水、减缓水流速度、增强雨水向地下的渗透，形成涓涓细流，流淌于山间，最终汇入梯田之中。

龙脊地区的森林植被类型多样，从典型常绿阔叶林到亚热带山顶常绿阔叶苔藓矮林均有分布。这些植被和地上腐殖质能够有效地拦截雨水，使得森林能够保存年降水量的相当一部分。研究表明，中国亚热带地区的森林可以保存年降水量的1/3—1/4。而龙胜县域的森林覆盖率高达81.2%，这为森林储水提供了坚实的保障。龙脊地区的森林和梯田的比例是2∶1，即2亩森林所拦截吸纳的水分供1亩田使用。如此大量的森林覆盖率，使得山体成为一座天然的水库。

龙脊梯田的水资源还来源于沼泽、河流、山泉等。在海拔接近最高一级梯田的地方，常有泉水和高山沼泽存在。这些泉水和沼泽不仅为梯田提供了额外的水源，还进一步证明了龙脊土壤惊人的保水力。在特殊的气候和地理条件下，龙脊地区从河谷到山巅都充满了生机与活力。同时，龙胜境内河流众多，大小河流达480条，由于山区的地形特点，河流滩多水急，落差大，蕴藏着丰富的水能资源。

在梯田的灌溉系统中，龙脊人巧妙地开凿水渠，运用竹笕将山涧溪流的水引入梯田，滋润着每一片土地。在水渠分流的枢纽处，分水器的设计堪称巧妙。这些平整的石条上，根据下游梯田的用水量需求，凿刻有宽度不一的凹槽，精准地分配着水源。而在水流落差较大的地段，特制的竹筒被巧妙地放置，以减缓水流的冲击力，有效防止了水土流失。这

春耕　韦吉阳 / 摄

些看似不起眼的沟渠，实则是整个梯田系统的血脉与生命线，它们默默地流淌于梯田之间，为龙脊梯田提供了源源不断的灌溉之水，确保了这片土地的繁荣与昌盛。

龙脊山除了有丰富的水资源，还具有适合储水保水的土壤与岩石。

龙脊梯田所处的地理环境极为独特，它位于温暖湿润的亚热带地区，具备了土壤淋滤黏化作用的必要条件。在这里，湿润的土层易于发生淋滤作用，促使土壤黏化，从而为造田蓄水提供了极为有利的条件。研究表明，只要地表排水良好，且地貌条件具备相对高差 10—30 米，淋滤黏化作用就有可能发生。淋滤和黏化是同时进行的两个过程，岩石的机械破碎使得水分能够轻易渗入，而水分在岩石裂隙中的移动则促使碱金属和碱土金属发生淋滤作用，进而导致土壤的酸化。

然而，土壤的酸化并不总是坏事。在龙脊梯田中，适度的酸化使得土壤具备了特殊的性质。当土壤的 pH 值低于 6.0 时，虽然会对一些不耐酸的旱地作物，如小麦、玉米、油菜等产生不利影响，但对于水稻等水田作物来说，却能够创造出良好的生长环境。淋滤作用不仅促进了岩屑的进一步解体和黏化，还使得土壤具有了吸水速度快、吸水量多、失水速度慢、失水量少的特点。这样的土壤既易于筑埂成田，又能有效地蓄水保水，为稻作生产提供了得天独厚的条件。

在梯田的保水机制中，村民们也发挥了重要作用。他们常常用泥土或石头做成田埂，以提高梯田对雨水的冲刷抵抗力和抗侵蚀能力。这些田埂一般高出田面 20—30 厘米，它们像忠诚的卫士一样守护着梯田，不仅保护了梯田的完整性，还使得梯田能够更好地储存雨水。在夏季大暴雨过后，有生物埂保护的梯田样地与没有保护的样地相比，平均损坏度显著降低。

除土壤之外，岩石在梯田的形成和储水保水方面也发挥了重要作用。在变质岩、页岩、板岩、花岗岩等分布的区域，由于土壤透水性低且存在隔水层，这些岩石能够形成浅层裂隙水并为梯田提供丰富的水源。相比之下，在石灰岩分布的地区，由于土壤透水性强且保水能力差，降雨很难被农业所利用，因此梯田的形成就相对困难。

龙脊地区位于南岭范围内，区域成矿地质条件优越且岩类全、分布广。其中，花岗岩类露出面积占本区总面积的1/5。这些花岗岩类岩石不仅为龙脊梯田的形成提供了物质基础，还通过其特殊的性质降低了土壤中水分的流失。它们像一座座天然的水库，为水稻种植提供了源源不断的水源。

“有收无收在于水，收多收少在于肥。”这句民间谚语说明了田间的水源是种植稻谷的首要条件，而肥沃的土壤则是稻谷丰收的基石。龙脊地区位于我国著名的喀斯特地形区，这里的土壤发育环境并不理想，土层相对较薄，有机质含量亦不足。按常规理解，这种土壤环境并不适宜水稻的种植。然而，龙脊人通过长期的生产实践，积累了丰富的土壤改良经验。他们将坡地修成水平梯田，改变了原有的小地形，使得田面变得平整。这样一来，降水落在水平田面上就不易形成汇流，而是直接渗入土壤成为壤中流。这不仅避免了径流的产生和侵蚀作用的发生，还使得土壤能够保持更多的水分和养分，让每一块梯田都成为一个小小的生态循环系统。他们因地制宜，采取多种有效的培肥措施，逐步在梯田中构建了深厚、熟化、养分丰富的耕作层，甚至将原本不适宜耕种的土地转变为高产田。这一成

潘应芳在开耕前清理输水沟渠　卢初龙／摄

就充分展示了龙脊人的智慧和对山地环境的卓越适应能力。

在大寨，70多岁的潘应芳耕种着8亩多梯田，是大寨耕种梯田最多的人家。他跟我说起种田经头头是道，比如说，每块田地中的排水沟渠都要比输水沟渠略深，进水沟和出水沟在田两边，进水沟只要保证水可以顺利地流进田就足够了，但出水沟就不一样了。出水沟要挖大一些，因为它们还要将水引到下面许多的田里去，所以要保证有足够的流量，挖深一些，可以减慢水的流速，水就可以多渗到土里一些，土壤在旱季里就不容易板结，而且对加固田基也有好处。实际上，这样做是为了确保每片农田都能蓄满水，同时还能提升土壤的水分渗透能力，有效降低土壤中的盐分含量，预防土壤板结。

我请教了一些农业专家得知，龙脊梯田培肥的肥料主要有田中自产肥、土壤肥和有机肥三种。其中，田中自产肥是通过稻田换种作物产生的化学肥料，自然形成土壤肥力。潘应芳老人分享的是更为传统的另外两种培肥方式。第一种，是将田中的秸秆齐地割掉，聚集于田地中央，然后放火焚烧。焚烧后的草灰需用犁耙均匀铺撒在田面上，待春秋耕时翻入土中。通过燃烧稻草和其他作物的秸秆来获取肥料，这是梯田土壤获取肥料的重要途径之一。第二种，是利用人畜粪肥和草肥（主要为稻草秸秆和稻茬）等有机肥来增加田肥。这些有机肥通常在秋末时节施入，经过冬春季节的冻融，质地变得疏松，更容易被微生物分解，植入耕层，从而有效增强土壤肥力。当地资深的老耕农分享了一些宝贵经验，例如，每亩地每年需施入约 10 担粪肥，其中人粪和畜粪混合搭配为最佳，以保持养分平衡，但人粪不宜过多，约占 30% 为宜。草肥则每 2—3 年施放一次，同样需要深翻入土层，每亩地约施 20 斤，施草肥前应将稻草和稻茬切成约 10 厘米的小段。这些传统的培肥方法，对于梯田区的土壤改良起到了至关重要的作用，使得原本贫瘠的土地变得富饶。

有水源保障，有肥力护航，龙脊梯田才能岁岁产出优质的稻米，而优质的稻米养活了这一方勤劳的人们。这里的人们深知，龙脊梯田是他们的根，是他们的魂。他们世世代代守护着这片土地，传承着农耕文化，也传承着对自然的敬畏和感恩。

文化之韵

与克省和月新这对兄妹的相识，纯属偶然。那年我即将大学毕业，第一次踏上龙脊这片神秘的土地，脚步轻盈如风，从金江寨踩着一阶阶“天梯”上山，到达龙脊古壮寨，辗转到平安寨，踩着青石板下山，心里升腾出长啸而歌的激动。

那年克省六年级，月新五年级。他们都出生在平安寨，这是一个壮族聚居的地方，家家户户都姓廖。从平安寨的田间青石板路下山走到金江河畔的黄洛寨，大约半个小时。一路上他们像两只小鸟，叽叽喳喳地向我介绍他们的村庄和梯田。他们手上还捧着个纸盒子，纸盒子里爬满了半大的蚕。

到黄洛寨分别的时候，他们送给我 8 条小小的蚕和一些桑叶。他们让我把蚕带到城里养，月新说，这样我看到蚕就会想起平安寨和梯田。我每年都寄一些书给两兄妹，他们也经常邀请我去平安寨过节。

在我工作后的第二个暑假，我邀请了两名同事一同前往平安寨。那天恰逢中元节，我们在两兄妹家中品尝了地道的龙脊水酒和香糯。龙脊水酒醇厚甘甜，散发着独特的酒香，让我们为之倾倒，与主人一杯接一杯地畅饮着。伴随着欢声笑语，故事也不断涌现。而香糯做成的美食更是美味非凡，口感绵密，香气扑鼻，仿佛将我们带到了田园之间，感受大自然的馈赠。龙脊水酒和香糯作为龙脊四宝之二，果然名不虚传，令人回味无穷。

晚饭之后，月新去参加寨子里的彩调表演，演出地点在平安小学的操场。同事有些醉意，留在木楼继续品酒聊天，我一个人闲着，便怀着好奇的心情，跟着月新前往观赏这场别开生面的演出。

夜空中，一轮皎洁的月亮高挂，洒下银色的光芒，照亮了整个寨子。那光芒如细沙般铺在青石板路上，宛如覆盖了一层晶莹的白霜。那夜的月光格外柔和，它轻轻抚摸着陡峭的坡壁，照亮了一栋栋矗立在那里的高大木楼，将整个寨子笼罩在一片如梦如幻的氛围中。平安小学的空地上汇集的人头越来越多，观众们或坐或站，围成一圈，全神贯注地欣赏着台上的表演。此时耳朵里满是板胡、调胡、司鼓、六锣、小锣等乐器的声音，在乐手熟练的演奏下，时而高亢激昂、时而低沉，悠扬的旋律与剧情搭配，深深感染了在场的每一位观众。演员们的表演朴实娴熟，很接地气，那“哪嗬嗨”“咿嗬嗨”彩调特有的唱腔，欢快而灵动。旦、丑、生各有各的步法，扮相戏服也有区别，他们的眼神生动而富有情感，动作充满了对生活的热爱和对艺术的执着追求。他们用自己的身体语言配合唱词，将角色塑造得栩栩如生，让观众看得入迷。月新扮演的是一个小书童还是小随从，角色我已记不清，唱词不多，有简单的依口附声，一板一眼的表演自然大方，让人感到亲切和真实，充满了生活气息。演出的彩调剧剧目是《王麻接姐》还是《狗保闹学》或者都不是，我也已经有些淡忘。我只记得那晚的月亮特别通透，它跌落在梯田里，让每一块梯田都变成了人间的月亮。我还记得观众那一张张洋溢着满足和幸福笑容的脸，他们的脸上也盛着龙脊的月亮，单纯而圣洁。

在平安寨的中元节夜晚，在平安小学这个操场上，我深切地体会到了梯田与耕者之间那份悲壮背后的温暖。在这片直抵云霄的田园中，水稻的生长与收割遵循着自然的时序。开耕时，师公在开耕节上祭祀土地神，祈求丰收与平安；节庆时，壮族儿女们欢聚在舞台上，共同演绎着开耕祈雨舞蹈；劳作时，他们会唱起山歌、弯歌或嘹歌，美妙的歌声回荡在田野之间，传递着对美好生活的向往；秋收时，他们还跳起了扁担舞。这一舞蹈源于舂米的劳动生活场景，经过演变，由最初的舂米舞发展成扁担敲打板凳的形式。人们错落有致的敲打，仿佛重现了插秧、收割、打谷、舂米等生产劳动的场景，展现了壮族人民勤劳智慧的精神风貌。这些自发的表演，简单而朴素，充满着生活的气息和情感的共鸣，作为梯田文化的一个生动展示，它们并不仅仅是表演，而是一种祖祖辈辈生活在龙脊的耕山人深刻的生活体验和感悟，传递着龙脊人对美好未来的向往和追求。

这个月夜，犹如一幅镌刻在心的画卷，时常在梦境中浮现，清晰得仿佛触手可及。我每年都会重返龙脊，尽管每次只是短暂的停留，但那份对龙脊梯田文化的深深眷恋，仍然执着如初，只是再也无法找回昔日的那一份感动。岁月匆匆，人事如梦，昨日的记忆似乎已被时光的沙漏悄悄掩埋，成为遥远而陌生的过往。然而，2024 年年初，春节来临之际，为了深度体验红瑶人的抬金狗等年俗，重温那份深藏心底、久违的乡土情愫，我带着创作的任务再度踏足这片钟灵毓秀的土地。

我的桂林文学院中青年作家高研班的同学沈春桃，她帮我安排好整个行程的采访路线和对象。她在龙脊镇人民政府任职，作为瑶族人，对龙脊的地盘了如指掌。

年关将近，不管是壮寨还是瑶寨，都在杀年猪准备熏腊肉过年。正好金坑四寨之一的中六村委下布村有杀牛宴，我们应邀前往。下布与金坑仅一山之隔，下布附近的梯田比较少，村里的梯田大部分开垦在金坑的田头寨一带，当地种茶历史悠久，屋前屋后随处可见古茶树。杀牛宴摆在潘志桃家，她身着红瑶服饰，此时正笑容满面地迎接每一位来宾。宾客们围坐在宽敞的木楼大厅里，桌上摆满了色香味俱佳的菜肴，其中最挑动味蕾的便是那鲜嫩多汁的牛肉和黑里透红的龙脊腊肉。

杀牛宴是潘志桃家里的一大盛事，以前是杀年猪，今年升级为杀牛。2020 年，潘志桃和妹妹牵头，与村民一起成立了桂林龙胜云端农业开发专业合作社，专注于龙脊古树茶的种植，产品的研究、开发、生产及销售事业蒸蒸日上。杀牛宴不仅仅是一场美食盛宴，更是邀请亲朋好友共同庆祝丰收的盛宴。我们去参观了合作社的标准化生产厂房。潘志桃自豪地介绍，他们的合作社已经成功研发出了多款龙脊古树茶产品，包括龙脊古树红茶、野生红茶、高山云雾绿茶等，产品销售覆盖全国各地，深受消费者的喜爱。

“明年的 4 月就可以品尝到龙脊古树的新茶了。”离开下布，我们前往大寨。我记得潘志桃的话，回望下布的山上，一棵棵古茶树正在微风中轻轻摇曳，仿佛在向我们叮嘱来年 4 月的约定。

从中六到金坑田头寨的路旁，我们发现了一块特别的墓碑，它是一卷展开的胶卷造型。这是摄影师李亚石的墓。墓碑上镌刻着他与龙脊的故事。在当地，无人不知李亚石，一提起他，人们的脸上便会流露出敬意和怀念。

李亚石是桂林著名摄影家。他踏遍桂林山水，用一生追求摄影真谛，其桂林风光系列照片惊艳世人。三十余年摄影生涯中，他的作品屡获大奖，甚至有人说，他的摄影成就了桂林龙脊。

1994 年，中央电视台和桂林电视台联合拍摄希望工程电视纪录片《龙脊》，时任桂林电视台专题部主任的李亚石，作为策划人之一，主动承担了前期采访及选景任务。那时的金坑极度贫困，不通公路、不通电。摄制组历经数月艰苦拍摄，完成该片。专题片播出后，在全国引起震动，扶贫捐款与日俱增。

此行，李亚石有感于当地别样风貌与民生艰辛，遂产生摄影扶贫之念。从1994年起，李亚石开始频繁地前往金坑进行摄影创作。他踏遍了金坑的每一个角落，用镜头捕捉梯田在不同季节、不同光影下的绝美风光。除了风光摄影，李亚石还擅长人文摄影。他深入村民家中，记录下他们真实的生活场景。有潘五妹母子的瑶浴、潘品姣的古法织布、潘秀莲老奶奶的选种……这些凝固历史的图片，不仅展现了金坑村民的勤劳与智慧，更成为脱贫对比宣传的好资料。其间，李亚石还拍摄了《大山的日子》，在桂林电视台播出后反响良好。《中国摄影》杂志也刊登了他的《金坑，我心中的诗画》，引发国内外影友关注。

如今，龙脊梯田已是AAAA级景区，家庭旅馆众多，旅游年收入丰厚。曾经贫困的瑶家人也因旅游开发过上了更好的生活。李亚石先生通过摄影扶贫的愿望已成现实，相信他在天之灵，定会欣慰不已。

在金坑，我们的第一个拜访对象就是大寨村党支部书记余琼通。他住在大寨南面的壮界寨，千层天梯环绕其中。他把位于寨子中间的旧木楼改建成了一家上档次的民宿，位置正好，大门口有一个微型观景台，可以一览大寨村落全貌和一坡跌宕而来的梯田。大厅里摆着一头杀好的年猪，还有亲戚朋友在吃完杀年猪饭之后，喝着茶话丰年。

说到大寨金坑梯田的发展，余琼通的脸上洋溢着自豪和期待。他告诉我们，这里原本只是一片贫瘠的山地，大寨村四面环山，全村曾经仅有一条泥巴小道越过层层山岭通往山外，买卖货物靠人背马驮，村民住着透风漏雨的吊脚楼……如何走出一条符合本地实际的特色发展之路？一代又一代大寨人不断思考，不断尝试，最终走出了一条“康庄大道”。2022 年，大寨村成功入选联合国世界旅游组织“最佳旅游乡村”。是年，余琼通代表大寨村到沙特去捧回了这个含金量十足的国际大奖，这是他一直引以为傲的事。近年来，大寨村依托梯田文化及红瑶文化特色，引进企业统一运营，逐步探索形成“集体入股 + 旅游开发”的村集体经济发展新模式，走上了“一田生五金”（梯田流转有租金、梯田入股享股金、梯田务工挣现金、梯田维护得奖金、梯田旅游发薪金）的旅游产业振兴之路。大寨村一共有 298 户人家，全村旅游分红 2003 年 2.5 万元，2008 年 14.7 万元，2013 年超过百万元，2023 年达 725 万元。“村民‘扛着犁耙种田地，唱着山歌搞旅游’，日子越过越红

大寨冬雪　潘志祥 / 摄

火。”这个经验，余琼通分享得最多。如今，国内外很多拥有梯田景观的地方都来到大寨村取经，学习龙脊梯田的管理运营模式，大寨村成了乡村振兴的典范。

“接下来，我们想引进更多适合本地的文旅项目，丰富游客的游玩体验，推动文旅事业向纵深发展，同时还要继续加大对我们的红瑶民族文化、梯田风光、传统古建筑的保护，让梯田文化在我们这一代人的手上不断换新颜。”余琼通的这一番话，让我想起曾经登上西山韶乐观景台，看到的那一轮红彤彤的旭日。那旭日不正是大寨，不正是龙脊吗？

我们随后要拜访的人，就是脱贫户潘应芳，他今年 73 岁，种了 8 亩多稻田，是大寨种田最多，也是年终分红最多的人家。

潘应芳家的旧木楼夹在大寨坡坎上，显得有些低调。狭长的石板路通到木楼。

夜幕已经降临，在老旧的木楼的火塘边，我们和潘应芳老人促膝长谈，聊梯田，聊梯田农耕的十二道工序，聊大寨红瑶的习俗。头顶的荧光灯柔和而温暖。

我想我真的爱上了这片土地，不是因为梯田，而是龙脊这片神奇的土地和它孕育的数百年的梯田文化。

我想，我的两位朋友，一位是著名儿童文学作家黄春华老师，一位是美术和茶道兼修的龚练兵老师，他们也一定跟我一样爱上了这片土地和这片土地上的梯田文化。要不然他们怎么会如此爽快地答应和我一起留下来，和大寨的红瑶人一起过年，一起抬金狗、摘摇钱树呢？

家园

▼龙脊的先祖们以坚定的决心，披荆斩棘，在龙脊山上开辟出一片片梯田，用粗糙的双手，将一根根木材、一块块石头搭建起了一个个坚固的干栏屋舍。

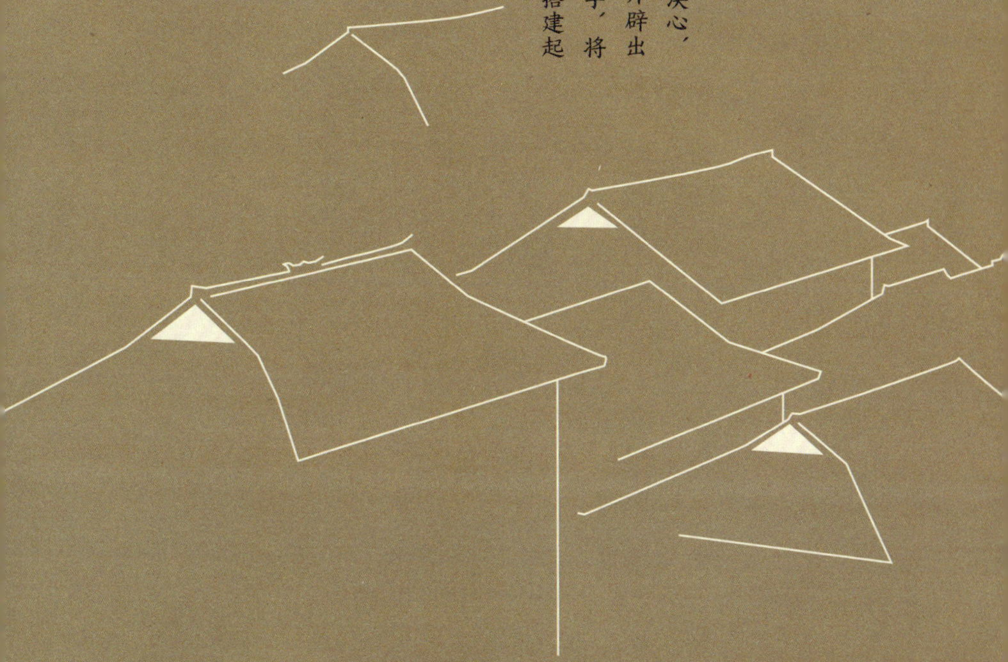

龙脊镇金竹壮寨的吊脚楼群　韦吉阳 / 摄

梯田上的家

沿着平段寨的石板路拾级而上，就来到龙脊古壮寨。

一座壮族木质干栏式建筑被环绕在云雾中，仿若仙境中神秘的守护者。木楼隐现出两个字“澜那”，木楼旁的凉亭上挂满了孩子们创作的壮族传统扎染作品，木楼大厅里摆放着两个龙脊梯田“四素共构”生态系统微观模型以及龙脊梯田等高线模型，临窗一侧密密麻麻地摆放着一整行孩子们创作的壮族木质干栏式建筑文创作品。

“澜那”的主理人是两位专注于在地课程开发研学的年轻老师，她们把木楼大厅改装成龙脊古壮寨的研学教室，她们认真地向我介绍了龙脊梯田生态系统以及龙脊古壮寨的壮族古民居群落。我好奇，为什么给研学基地取名为“澜那”，她们告诉我，在北壮语中，“澜那”指的是“梯田上的家”，也象征着这寨子里的一座座壮族干栏式建筑群，以及这一座座“家”里所衍生出的民族和谐与团结的文化。

提到龙脊的干栏式建筑，她们一脸自豪，指着一扇窗户介绍："从这里可以看到平段寨子的木楼，还有诗和远方。昨天一位从上海自驾过来的女孩，坐在这个窗前，喝着咖啡，望着窗外，待了整整一天。"

推开窗扉，窗外的景致如一幅水墨作品映入眼帘：平段寨在下方静静矗立，寨子里的干栏式建筑群依山傍田，鳞次栉比，就着山势低开高走，错落有致。黑色的屋瓦两面披开，在暮色里显得厚重而神秘。梯田把木楼紧紧包裹，新放满水的梯田，水面如镜，反射出白玉的光泽，那雾气如同细腻的绸缎，一下盖住那些镜面，一下又忍不住把它掀开。远处的山峦也在云雾的遮掩下，若隐若现。木楼、梯田、远山、雾霭，主次分明，相得益彰，组合成一幅水墨丹青画卷，宁静而深邃，充满了无尽的诗意和遐想。

静坐窗前，我体会到了上海女孩曾经坐在这里发呆的理由，这一刻，仿佛所有的喧嚣和纷扰都被这宁静的景色和一群龙脊木楼建筑所溶解。这里的每一栋木楼都散发着独特的韵味，似乎在诉说着古老而忧伤的故事。我深深地吸一口气，空气中弥漫着清新的田野气息和淡淡的木楼香气，心中涌起一股莫名的感动，仿佛就在这一刻，我与龙脊融为一体。

回溯往昔，龙脊的先祖们，他们以坚定的决心，披荆斩棘，在龙脊山上开荒拓土，开辟出一片片肥沃的梯田，在解决了基本的吃的问题之后，这些祖辈并没有停下脚步。他们知道，要在这片土地上扎根立足，还需要构建一个稳

龙脊壮寨的干栏式建筑群依山傍田，鳞次栉比，就着山势低开高走，错落有致。黑色的屋瓦两面披开，在暮色里显得厚重而神秘　卢初龙／摄

固的家园。他们着手建造房屋，结庐而居。在这片莽莽原始森林里，他们为了遮风避雨，为了防御毒蛇猛兽的侵扰，用粗糙的双手，将一根根木材、一块块石头合理利用，搭建起了一个个简陋却坚固的干栏屋舍。

“干栏”是壮语的音译，在壮语中，“干”意为“上边”，“栏”意为“房屋”，合在一起指的是在木（竹）柱底架上搭建的高出地面的房屋，以悬空的木质结构为主，形成一座空中楼阁。随着生活水平的提高，龙脊先辈有了能力去追求更舒适的居住环境，最初的那些简陋的木楼逐渐演变为今天我们在龙脊山上所见到的精美的干栏木构建筑。这些承袭了古代“越人”的“巢居”“积木而居”传统的干栏木构建筑，与梯田息息相关，共同构成了这片古老土地上的独特风景。它们从选址、设计到施工都充满了龙脊先辈对土地的敬畏与无与伦比的智慧。

干栏木构建筑在选址时，与梯田的选址原则如出一辙，都必须靠近水源，这是为了确保充足的灌溉用水和生活用水。我漫步在龙脊山上，深入各个村寨时，确实发现它们之间有一个明显的共同点：每个村寨都有一条小溪流经其间。水是山的灵魂，是梯田的灵魂，同时也是村寨的灵魂。除了靠近水源，向阳是龙脊地区村寨选址的另一个重要条件。龙脊地区规模宏大的几大连片梯田及村寨，大多位于龙脊山的南坡。南向迎坡承接的阳光更充足，气候更温暖，非常适宜农耕和人类居住。而与之相对应的是隔金江河相望的锅底塘山脉北坡，由于阳光照射不足，气候较为寒冷，梯田和村寨相对少很多。这种选址的智慧不仅体现了龙脊先辈对自然环境的充分利用，更体现了他们对生活的深刻理解和追求。他们深知，只有顺应自然，才能在这片土地上安居乐业，繁衍生息。

龙脊山区的这些干栏式建筑是龙脊梯田文化的一部分，在设计上，充分彰显出人与自然和谐共生、相互依存的理念。

在“澜那”的研学教室里，摆放着几座干栏木结构建筑框架模具，这些模具精准地再现了龙脊传统民居的密檩穿斗式木构架结构，为参观者提供了更直观的感受。其独特的结构设计是以木材为骨骼，榫卯相连，形成稳固而富有弹性的整体。龙脊山上的干栏木结构建筑依山傍水，前低后高，利于雨水排放。大多数为坐北朝南的布局，巧妙利用了自然光，让建筑在冬日拥抱阳光，夏日避开烈日，营造舒适的居住环境。通风系统更是考虑得细致入微，确保了空间内的空气质量和舒适度，门窗与屋顶的巧妙设计，使得风能够自由穿梭于室内外，带走夏日的暑热与潮湿，留下清新的空气。这样的建筑不仅展现了古人对自然环境的深刻理解和尊重，更以其美观、实用和环保的特性，为现代建筑设计提供了宝贵的启示。

痴迷于这些“澜那”，在深入调研龙脊地区的多个壮族和瑶族村落时，我都会找寨子里资深的木匠师傅交谈。通过交谈，我了解到龙脊传统民居的榫接工艺建造技法，几乎没有文字记录。这一技艺的世代相传，主要依赖于木匠师徒间的口传心授。龙脊当地很少有专职的木匠，这一角色多由村寨内擅长木匠技艺的农民兼任。他们在建造房屋时，会根据主家的具体需求和场地条件，精心设计木楼的开间数、进深数以及层高等关键参数，并据此核算出房屋的造价。在房屋建造过程中，伐木、上梁等工序需要大量的劳动力。因此，寨民们通常会相互协助，共同完成这些工作。秋分之后是农闲时节，人们相对空闲，因此大多数房屋建造都选择在这个时间段进行。这种自发的互助协作的建房方式，像金江河集水成流一样，凝聚着龙脊人团结一心的力量。

施工过程对于主家和木匠师傅来说，都是一个充满挑战与收获的过程。主家期望着能够拥有一座坚固耐用、美观舒适的“澜那”，而木匠师傅则希望通过精湛的手艺和不懈的努力，打造出符合主家期望的作品。每一个步骤、每一个细节都必须非常用心，它们不仅是技术的体现，更是龙脊人对这片土地深沉的理解和敬畏之情的展现。民居的建设，从选址之初，便已然弥漫着一种庄重而神秘的仪式感。主家会请来地理先生，仔细勘察地形，寻找背山面水的风水宝地。一旦寻得这样一处吉祥之地，主家就像吃下了定心丸，因为它是家族未来蓬勃发展的美好寄托和期许。随后，地理先生便郑重地制订出一份详尽的造屋日程表，即所谓的竖造日课，以求建造过程顺遂平安。在这份日程表上，每一个重要的步骤都需精准到具体的时辰，包括动土平基、发墨柱、起土架马、砍伐梁木、木料入场、盖房、作灶、安大门以及入宅归火等九大关键环节。

好材出好楼，好马配好鞍。选材建楼是建造过程中的关键一环。龙脊山上树木葱茏，品种繁多，其中杉木以其稳固耐用的优质特性而成为建楼首选。在所有的木构架构件中，有两件最为重要，即发墨柱和大梁。发墨柱是木工加工的第一件构件，它位于堂屋右侧（面向香火堂），扮演着后金柱的重要角色，亦称“金东”。对于发墨柱的墨线标定，这一环节需由主家与大木匠共同进行拉线操作。拉墨线时，需将浸满墨水的墨线施以适度的力量拉起，随后迅速释放，以确保墨线在木料表面形成清晰且平直的线痕。当地人认为，墨线清晰与否、平直与否，关系到主家和大木匠的运势吉凶。“发墨柱”之名由此而来。另外，发墨柱还是建筑的定位基点，需依据事先设计好的尺寸进行精确放线。因此，发墨柱的地位相当重要。大梁作为最后完成加工的构件，是住宅明间至关重要的主梁，当地人认为，其对于主家财运、子孙繁衍等方面具有不可忽视的重要影响。它的地位比发墨柱更重要。说到砍发墨柱和大梁，这在龙脊可不能随便，有一大堆的讲究。参与采伐搬运及上梁的人员，必须为父母双全之人，以求整个过程的庄重与吉利。在砍伐过程中，还需格外注重杉木倒向须为东方，以示吉利。特别是对于大梁的采伐，一般定于上梁之日，在天色未亮之时完成，此举被称为“偷梁”。所谓“偷梁”，寓意着此梁木能带来长久吉祥之福。同时，选取做梁木的杉树的根部周围需有数株小树相伴，象征着“后继有人”，寓意家族兴旺、子孙绵延。

起架、安梁是建房过程中最为隆重和激动人心的时刻，就像一部戏到了最高潮部分。选定的吉日到来前两天，木匠师傅们要在地面上将加工好的房屋柱子和枋材精心组装成完整的屋架。吉日这一天，主家提前邀请好本地村民，即“打背工”人员，按时抵达现场，各司其职，准备就绪。在木匠师傅的统一指挥下，大家齐心协力，利用绳索将组装完成的屋架稳稳拉升至直立状态，随后大家互相配合安装横向的梁枋，从而构建出稳固且立体的房屋构架。最后一个环节便是安梁，安梁又称“上梁”，所安的梁木指的是堂屋的主梁。在中国的传统建筑文化中，安梁可谓是起屋架过程中的一道极为关键的工序，它象征着房屋主体结构即将圆满完成，因此必须举行一场既隆重又庄严的安梁仪式。当梁木被小心翼翼地抬回后，木匠们便迅速行动起来，开始架马修砍，并把梁木染成土红色，象征着“鸿发”。梁木的前面，摆放着整齐的供品。这时，木匠师傅会取出主人精心准备的新墨斗线，上好墨斗，主人与师傅分别握住墨斗线的两端，轻轻一弹，一道笔直的黑线便跃然梁上。随后，师傅右手紧握斧头，左手轻轻抓起一只雄赳赳的大公鸡，高声唱道：

金鸡，金鸡，这是非凡鸡，
头戴凤凰冠，身穿五色衣；
左手将鸡拿在手，
弟子拿来祭梁鸡；
先祭梁头生贵子，
后祭梁尾状元郎，
三祭梁中兴万代，
荣华富贵万年长。

随后，木匠师傅用斧刃割断鸡喉，把鲜血从头至尾滴在梁上。接着将主家事先准备好的红梁布钉在梁木的正中，红梁布上写着“上梁大吉”，下坠有三个内装五谷的三角形布

小寨村瑶族村民协力为新吊脚楼“立屋竖柱” 潘志祥／摄

袋，然后把亲友们送的写着美好祝词的红梁布按所赠之人的辈分高低依次钉在梁木的两边，如同一片片彩云，为这庄严的仪式增添了喜庆的色彩。还要将两束精挑出来的糯禾轻轻地“骑”放在梁木之上，这两束糯禾，作为龙脊梯田传统农耕文化的象征，被精心挑选出来，寓意着丰收与富饶。

一拜鲁班师傅，
二拜列位造主华堂，
三拜宾客看我上云梯。
鲁班弟子上一步，
木匠平生永吉昌；
上二步，

造主儿孙起高堂；
上三步，
三元及第状元郎；
上四步，
四季发财放豪光；
上五步，
五子登科永健康；
上六步，
六畜成群满家堂；
上七步，
七子团圆做高官；
上八步，
八位仙宾恭贺梁；
上九步，
九步云梯登九天，
弟子长廊鲁班仙。
弟子拿来一串枋，
恭贺宰相上金銮；
弟子拿来二串枋，
鲁班正是保华堂；
鲁班弟子到梁头，
造主儿孙永无忧。

万众瞩目的“抛梁”仪式终于拉开了序幕。只见木匠师傅登上楼梯，同时口中吟唱充满吉祥寓意的祝福唱词，稳步走向梁木的正中央。此刻的屋场早已是人头攒动，热闹非凡。屋主手持一块崭新的床毯，准备迎接木匠师傅抛下的梁粑、糖果、茶叶和米。木匠师傅在抛撒这些代表丰收的吉祥之物时，同时高声唱喏问道："愿贵不愿贵？"众人齐声回应："愿贵！"接着他又问："愿富不愿富？"众人再次齐声回答："愿富！"每一次的问答都引发了现场观众的阵阵欢呼，高潮迭起。待屋主收好床毯之后，木匠师傅更是提高嗓门，放声唱道：

一撒东，青龙白虎管寒宫；（梁粑撒往东边）

二撒南，前有三度后三环；（梁粑撒往南边）

三撒西，左边龙腾右虎知；（梁粑撒往西边）

四撒北，时宜山上来龙脉；（梁粑撒往北边）

撒了四方撒中央，子孙万代大吉昌！

梁粑撒向中央，木匠师傅把少许梁粑垫篮，其余糖果等全部撒了出去。场上欢声雷动，人们争抢抛下的梁粑。抢到糍粑的人欢呼雀跃，仿佛抢到了幸福和好运。而那些没有抢到的人也不气馁，他们互相祝福着，共同分享着这份喜悦和吉祥。整个安梁仪式在欢声笑语中达到高潮。

抛梁粑结束后，众人带着捡到的梁粑和领受上梁的吉祥祝福满意而去。工匠们开始忙碌地上檩条、铺设望板和瓦片。铺好瓦片后，小木匠师傅们开始安装楼板、隔墙、门窗等部件，使房屋逐渐成型并展现出其独特的魅力。当木楼完工之时，主家便可乔迁新居，安置香火，开始新的生活。这一切都离不开匠人们的巧妙设计和辛勤汗水以及主家对未来的美好期许和憧憬。

等木楼完成后，主家就可以乔迁新居，安置香火了，“人宅归火”。香火是一家的根本，供奉着当地人所称的壮家人的祖先和保护神。香火代代相传，在乔迁或分家时，都需将老屋的香火移到新屋，意思是将老祖宗请回来。乔迁时，龙脊人还会举行安龙神的仪式，祈求龙神保护家庭成员和家畜家禽的健康。

到龙脊山上看梯田，一定不要忘了去龙脊古壮寨看看这些“澜那”，它们古意盎然，岁月沧桑，像一群倔强的坚守者，历经风雨，依旧静静地诉说着千年的故事。每一座“澜那”都仿佛是一幅生动的历史画卷，记录着壮族人民的智慧与勤劳，也见证着这片土地的变迁与发展。有了梯田，龙脊山才能长鳞成龙，有了这些传统木楼，才能点上龙的眼睛，让龙脊有了神采，活了起来。

那日，我一个人坐在“三鱼共首”的风雨桥里，读沈从文的《边城》，读到沈从文先生写的吊脚楼，有这样一段话：令人耳目一新的独特建筑接踵而来，沿着木梯踏上木楼，推开木门，随着咚咚的踏楼板的脚步声，你也会因这别致的吊脚楼而真正走入当地人的生活……

我就是这样，沿着龙脊“澜那”的木梯，走进了龙脊人的生活。

百年老屋

沿着平段寨的石板路拾级而上，时间往回拨 30 年。那时候，不管是龙脊十三寨还是金坑四寨，满寨子都是古朴的干栏式木楼、半干栏式吊脚楼。它们依山抱水，崛地而起。它们因地导形，外观奇特，巧取“天平地不平”之势，利用木柱支撑，悬虚构屋，以“借天不借地”的妙想，陡壁悬挑，加设披顶，创造广阔的楼阁空间。这些巧夺天工的木构建筑作品，让人如阅诗词，意味深长。

那时候沿着金江河走在龙脊这片土地上，漫山梯田让人流连忘返，无意间一头扎进某个寨子，这些迷宫似的木楼，又让人沉醉其中。在陡峭的坡壁上，密密匝匝地立满了落地柱。落地柱抬高了房屋结构，上层住人，下层与地面保留适当的距离，嵌上木板或木条，合理地满足了防潮、私密、通风、储物、圈养、放养等各项需求。龙脊干栏式建筑的造型大量采用了挑、穿、叠、悬、镂、露、错、借等建筑手法，与书法笔画“制造矛盾，解决矛盾”的艺术手法有异曲同工的效果，使得建筑整体在平面、立面及空间层次上变化丰

石板路盘山而上
卢初龙／摄

富，参差错落，虚实相生，内外交融，生动而活泼。在材料的选择上，干栏式建筑就地取材，以木、竹、土、石、瓦为主要建筑材料，巧妙运用材料的属性，通过穿斗、悬挑、吊挂、嵌接、铺陈等手法，形成虚实对比、轻重相宜、色调素雅明快的风格，显得质朴、清新、淡雅、自然。在色彩处理上，干栏式建筑以本色为主，不施彩绘，不事雕琢，其木色、竹色、土色、石色、瓦色，随年岁陈旧，色泽浓厚古朴，无不体现出一种自然和谐之美。

近些年，我每年都会如期前往龙脊，每一次都有不同的感受，随着生活品质的不断提升以及当地旅游业的繁荣兴盛，龙脊地区的民居已然发生了许多变化。相较于传统的干栏式建筑，现今的民居在内部格局上展现出了更加多元化的面貌。过去，龙脊地区的民居多采用干栏式建筑风格，而现在则更多地采用了地居式建筑形式。传统的干栏式建筑，其底层通常架空并不作为居住空间，而新式民居则将底层改造为生活空间，取消了原有的牲畜栏设置，部分居民选择将牲畜安置于老宅底层。同时，入户的入口也由原先的二楼调整至一楼，提高了居住便利性。新式民居将一层空间划分为厨房、客厅和卫生间等功能区域。原本位于二楼楼梯口的门楼空间也被纳入室内，从而扩大了二层的活动空间。此外，原本位于二层的堂屋和火塘间等功能区域，在新式民居中分别转化为一层的客厅和厨房，使得二层空间得以更加合理的利用，成为卧室、储藏间和走廊等私人空间。在建筑细节上，新式民居也进行了诸多改进。每层的层高由原先的不足两米提升至 2.8—3 米，使得居住空间更加宽敞舒适。同时，窗户的面积得到扩大，隔栅也更换为玻璃材质，增加了采光面积，提高了室内的采光度。此外，在建筑材料上，现代龙脊民居也采用了更加环保和耐用的材料。传统的干栏式建筑多采用木材和竹材搭建，而现代的龙脊民居则更多地使用了钢筋、水泥等现代建筑材料，提高房屋的稳固性和耐久性，也使得房屋更加美观大方。建筑装饰也更为丰富多彩，还融入了更多的现代科技元素，许多民居都安装了现代化的供暖、供水和排水系统，以及便捷的通信和娱乐设施，使得居民的生活更加便利和舒适。现在位于或靠近龙脊梯田景区的许多村寨，还把民居建到了四层或五层，间隔出更多房间，用作民宿。

现代龙脊民居保留了一些传统文化的韵味，更多展现出现代建筑的艺术美感，正是这样的变化，让这片土地更加丰富多彩，更加充满与时俱进的活力。在大寨和平安寨，现代民居如雨后春笋般逐渐替代了传统干栏式木构建筑，现代化气息更浓，但是传统的韵味并没有完全消失。在一些角落里，仍然可以看到那些古朴的木楼，静静地诉说着过往的岁月。而更多的现代民居，推陈出新，既保留了龙脊梯田文化的精髓，又展现了现代生活的便捷与舒适。

这种多元化的变化，让到此旅游的游客多了两种选择，追求舒适感的，往黄洛、平安、大寨等村寨去；追求古朴原始情趣的，往金竹、龙脊古壮寨等村寨去。

每次到龙脊，我都会去看看龙脊的壮寨，去看看那些古民居，就像去看望一位老人，求一份心安和宁静。这些木板木柱黑瓦组装的木楼，更像一群或蹴或踞在山谷里山脊间的村夫野老，衣着简朴，不加修饰。从相机的广角镜头去看，它们造型夸张，左歪右斜，像打着醉拳，却又能稳住下盘。它们一排排连在一起，手肩攀附，挤挤挨挨，像是在默然沉思，又似乎在给读懂它的人高声唱着远古的弯歌。

龙脊古壮寨有一栋有 170 年历史的百年古屋。

龙脊古壮寨按位置和姓氏，可分为上廖家、中侯家、下潘家。百年古屋位于侯家中心，也是龙脊古壮寨的中心，名副其实地像一尊老祖，开枝散叶般扩展了许多年轻的干栏式木楼。

百年老屋坐西北朝东南，石板路从东面山坡而来，又从西面方向，穿过木柱楼阁之间的空隙，爬坡而去。在老屋的路边，一股清澈的泉水从暗藏的石缝中悄然涌出，顺着引水槽，缓缓流下，形成一道银白如练的曲线，最终欢快地跃进石头围砌而成的水沟之中。

清泉紧挨着古屋的入口，推开那扇栅栏门，进去十多

龙脊古壮寨的
百年古屋
卢初龙／摄

步，就是“朝门”，门两侧还贴着一副春联：岁岁迎春年年如意，家家纳福事事吉祥，门楣上贴着“万事如意”的横批，还有一道神符。跨过门槛，几块平整的大青石板铺在地面，清凉、干净而古朴。进门的左手侧隔了一个小房间，里面砌了一个大灶台，上面架了一口大铁锅，看来是煮潲水用的。墙角还立着一口正方体石缸，正面刻雕龙门，侧面刻铜钱形花纹，画面精致，充满着美好的愿望。

龙脊干栏式住宅通常是三层，其纵向布局的原则是“下畜上人”。一层不住人，一般为圈养牲口、堆积粪肥、存放农具等使用。老屋就是这龙脊干栏住宅的标本，底层是农业生产空间，比较矮，高度目测两米左右。背面靠崖垒筑石墙，其他三面用截面为半圆形的木材横向拼接围合，是圈养牲畜的地方。底层也不加隔断，形成开敞的内部空间，有一堆像城墙一样的码得整整齐齐的柴火，堆放在一层正中位置。

顺着楼梯而上，映入眼帘的是门楼。它位于明间前部，正对着堂屋，中间隔着一道屏风门。门楼不仅是通往内部的通道，更是一个过渡的空间，将外界与室内巧妙地隔开。在这里，传统的干栏式住宅特色得以体现，门楼多为开放式设计，便于室内外光线和空气自由流通。靠墙摆放着“懒人凳”，壮族人可以在这里做活计、聊天，与过往村民互致问候，还能眺望那远处的梯田和流云。

讲究的人家会在门楼造个腰门，老屋设计的门楼尤为讲究，格栅形式的腰门高约 80 厘米，既可防止家禽的侵扰，又能保持室内的整洁。楼梯对面、紧挨着“懒人凳”的那面木板墙上，是一面荣誉榜。过去，主人家喜欢在上面张贴画、年历、小孩的奖状、镜屏和“五好家庭”的荣誉牌等。现在，上面挂的是一幅迎客松图，仿佛在向每一位到访者展示着龙脊壮族人家的热情与风采。

走进房子的中心——堂屋，映入眼帘的是香火牌位。一个高约 1.6 米、宽约 1.8 米的凹龛，里面张贴着红纸，上面写着“天地国亲师位”，两旁则是祖先和神灵的名讳。逢年过节，家人都会在此处祭拜，香炉里烟雾缭绕，充满了对祖先的敬仰和思念。堂屋也是家的“交通枢纽”。无论是要去哪个房间，或是出入家门，都要经过这里，还可以利用楼梯直通三楼。在壮族人的生活中，堂屋更是举行重要仪式的场所。当家中有人去世时，堂屋会搭起“灵屋”停放棺木，出殡的仪式也在这里举行。这里，是家人为逝者送行的最后一站。此外，堂屋还是家庭社交的主要场所。每当过年过节、嫁娶丧葬、喜迁新居时，这里都会成为家人和宾客聚集的地方。而在空闲的时候，堂屋又成了壮族人娱乐的场所。他们会在这里看彩调剧，或是请戏班子来表演。当舞台搭起，演员们开始表演时，整个村子的人都会聚集在这里，整个空间充满了欢声笑语。堂屋，是壮族人生活的缩影，是他们情感、信仰和文化的集中体现。这些该有的功能，老屋都有。老屋的堂屋还有一个“一柱四门”的独特设计，这是龙脊地区独有的古老“套间”，由侯益祥之子侯瑞球改建。四扇房门环绕一根木柱，巧妙的设计既保证了空间的连通，又维护了各自的私密性。

老屋两边分别有一个火塘。按壮家的习俗，儿子成家立业以后，与父母“分吃不分家”，保持亲情不断，所以设有两个火塘。火塘是龙脊壮宅的生活核心，承载了人们日常的温暖与欢聚。一家人围坐在火塘边，共品火锅美味，冬日则围火取暖，共享天伦之乐。婚礼之夜，宾朋满座，围炉而歌，欢声笑语此起彼伏。衣物若遇雨水淋湿，便悬挂于火塘之旁烘干；腊肉悬挂其上，历经岁月沉淀与熏烤，散发出扑鼻的香气，尽显人间烟火气息。火塘在设计时充分考虑了安全要素：其结构采用曲梁与穿底承重，有效确保了承重稳固；火塘周围覆盖拌入盐的泥土层，增加防潮

老屋里的火塘　卢初龙／摄

效果；还铺设具备出色耐热性能的马海石，以提供优良的防火性能。火塘上方约 1.4 米高处，用铁钩（有时是竹木挂件）悬挂着一个直径约 1.5 米的圆形编筐，这是“禾炕”。“禾炕”上下均搭建木架，用于搁置或悬挂各类用具与腊肉等食物。火塘间上方的三楼未铺设楼板，而是采用细竹竿搭建，再铺设竹席，称为“帮”。“帮”主要用来存放禾把，通过烟熏的方式进一步干燥禾把，防止受潮与虫害。此外，竹棍间的缝隙有助于火塘产生的烟雾和热气上升，通过阁楼层至山墙面排出，从而形成有效的循环通风排烟系统，确保火塘使用过程中的安全性与舒适性。

从同屋东侧的门进入偏厦，在偏厦的阁楼里我见到了现在老屋的主人——一位额头饱满、脸色红润的阿婆，她叫侯玉金，今年（2024 年）86 岁。她生在这座老屋，长在这座老屋。我已经拜访过她几次了，她是一位善良而热情的阿婆，我们相互打了个招呼。此刻，侯玉金阿婆正坐在小椅子上，她头上包着红色牡丹花包头巾，戴着老花镜，手持绣花针，在贴布上细致地绣着一只凤凰的图案。

偏厦的第一个房间是侯玉金阿婆平时忙针线活的绣花阁，与外面晒台相连接。二楼和三楼分别是两个女儿的房间，两个女儿都已成家立业，在城里买房居住，平时回来得少。侯阿婆与老屋形影不离，她的普通话说得很自然，记忆力也好，关于老屋和老屋的许多故事，她都记得一清二楚。这栋房子是她的太爷爷侯永胜和爷爷侯益祥于清同治初年修建的，至今已经有 170 年了。侯阿婆述说这些历史时，如同在煮一锅油茶，岁月的烟火在其中弥漫，历久弥新。喜添曾外孙之后，侯阿婆家如今已四世同堂，她内心倍感欣慰与满足。谈及女儿女婿，她总是不吝溢美之词，眼睛里闪烁着幸福的光芒。侯阿婆总是笑眯眯的，仿佛心中装满了无尽的喜悦。

侯阿婆还带我去参观堂屋里精心陈列的各式古物。这些古物有石盆、石磨、石碓等日常用品，还有藤碗、铜盆等精美的器物。更有趣的是，还有造纸钱的模子、数铜钱的“点钞机”和骨雕的胭脂盒。就连剃头时用的装头发的木板“项圈”和吊在火塘上的禾炕也一应俱全。一些旧时的铜牌、算珠等小物件静静地摆放在角落，仿佛在坚守着

堂屋里陈列的各式古物，有日常用品，还有精美的器物等
卢初龙 / 摄

百年老屋里的一张矮小木制婴儿凳，见证了五代人的成长
卢初龙／摄

一段段过往的岁月。侯阿婆指着一张矮小的木制婴儿凳说，这张婴儿凳，她爸爸小时候坐过，她坐过，她女儿和女儿的后辈都坐过，它见证了五代人的成长。我对这张婴儿凳肃然起敬，这是一张朴实无华却坚固耐用的木制婴儿座椅，黝黑的色泽调和着厚重的年代感。它两侧设有扶手，前面有活动托盘，方便放置玩具，为婴儿带来欢乐，也让家长们得以解放双手，去忙碌家务。看着这张五代人使用过的婴儿凳，仿佛时光在这里凝聚，让人心生感慨。“这些都是我祖辈们日常所用的物品，我特意把它们保留下来，怕弄丢了可惜。”侯阿婆满怀感慨地说。

在这栋小小的老屋里，仿佛可以穿越时光，回到那个充满韵味的老龙脊古壮寨。每一个角落都充满了故事和回忆，让人跌入时光隧道，寻求内心深处的那份宁静与平和。

青青石板路

在龙脊，田是古田，屋是老屋，路是旧路，它们像活在人世间的耄耋老人。我初次到龙脊认识它们当中的第一位“老人”，便是那连接山里山外、村村寨寨、田间峡谷的青青石板路。

20多年前，我在金江河畔徒步登龙脊，从河畔的枫木寨开始，踏着青石铺就的小径，向着龙脊山腰前行。那时，我第一次被这掘山片石、平泥架河、无限延展的石板路给惊艳到了。为了继续感受这种“惊艳”，后来每次进龙脊，我都要弃车徒步。只是保留原汁原味的石板路越来越少了，有些被拓宽为水泥大道，有些被砌成整整齐齐的台阶，有些因塌坡失修被掩埋在泥土里，有些则被大刀阔斧地斩断、改道、零零星星地潜藏在杂草丛中……在今天基建发达的时代，那些古时磨工耗时费力的石板路早已失去了往日的实用价值，但我依然喜欢它，喜欢它古朴自然，喜欢它历史厚重，喜欢它那份独有的宁静与悠闲。

2024 年 4 月的一天，趁着广西三月三假期，我前往大寨，去寻找金坑梯田灌溉水渠的源头。我走的是一条鲜为人知的石板路。这条原汁原味的不加雕饰的石板路，位于金坑梯田中央，是从山底的大寨通往山腰田头寨的捷径。那天清早，我穿过大寨，一路向西面的靠山不停攀登。走过大寨屋后一个开辟了梯田的小山包，便是一片林子。一路上排列得像不规则的琴键一样、不修边幅且泛着青光的石板，一块连接一块，或者一块叠着一块，连成一条青色的绸带。路底下有深渊，深渊里藏着溪流，隐隐听到簌簌的溪水声。龙脊山上鸟儿品种多，林子里不时传来清脆的鸟叫声，它们跟龙脊人一样勤劳，起得很早，似乎是找到了虫子，忍不住发出胜利的呼喊。有些是斑鸠的叫声，“咕咕——咕”“咕咕——咕”，清脆而悦耳，如同柔和的笛音在清晨的幽林中飘荡，众鸟合音齐奏，交织成一曲动听的旋律。有些是喜鹊的叫声，“喳喳——喳喳”，它们叫得自豪嘹亮，满腔喜悦，如同欢快的音符在空气中跳跃，在“空山不见人”的宁静中增添了一抹欢快的色彩。还有一些是画眉鸟的叫声，声声婉转，句句悦耳，“啾啾——啾”“唧唧——唧”，那是琴弦上跳跃的手指，清脆而富有韵律，也像脚下溪水潺潺，流淌在静谧的树林间。绕过一坡茶树林，在山谷转角处，我还偶遇了两只野鸡，它们刚好从石板路上横过，拖着长长的绚丽的尾巴，动作敏捷而优雅。它们警惕心很重，听到动静便迈步疾跑，奔跑中猛然一跃，翅

这条原始的不加雕饰的石板路，位于金坑梯田中央，是从山底的大寨通往山腰田头寨的捷径
卢初龙／摄

膀舒展，疾速消失在茂密的竹林深处。那长长的尾羽随着身体的跃动起伏，在空气中划过一道优美的弧线。

这条原始的石板路，行走的人太少了，当天几乎没有遇到别的游客。大寨通往景点的路修得非常平坦，驱车就可以直达壮界寨和田头寨，去观看千层天梯、西山韶乐的梯田。还可以坐缆车直达墙背寨，去观看金佛顶梯田。因此这条寂寞的石板路就似乎被遗忘在山谷间，偶有耕者走过，也惊扰不了满山谷的鸟声啼鸣。龙脊山上还有一种常见的鸟，那是乌鸦，乌鸦一身黑，不太喜欢白天，喜欢傍晚出来抛头露面，低沉而悠长的“嘎——嘎——”的叫声，凄惨骇人。我想，在无边夜色合拢下，在乌鸦声声呼叫下，这条石板路一定会渲染上一层独特的苍凉和神秘。此时我听不到乌鸦的叫声，这种聪明的鸟儿，它也知道挑时机的。

山谷里大树参天，蓊翳苍翠。一眼望去，大多是杉树和枫树，有少量的杨梅树和苦槠树挤在其中。杨梅树树冠圆润，叶片浓密，可惜现在不是杨梅成熟的季节，不然，看到挂满一树红彤彤的饱满多汁的果实，我一定会爬上树枝摘一颗来尝尝。走几步，几棵苦槠树出现在我的眼前。苦槠树也称米椎树，树干高大，枝繁叶茂，结的果实叫米椎子，米椎子到冬天熟透，就从毛茸茸的小刺外壳里脱离出来，散落在树下。我去石板路上寻找那些带刺的壳，果然还有一些躲在草丛里。路旁的竹子郁郁葱葱一大片，毛竹高高瘦瘦，触风就摇摆。箬竹矮小密集，见缝插针，茁壮成长。它虽然不长个，但叶子却宽厚，最适合包粽子。当我看到那棵古老的红豆杉时，便走到了溪边。小溪现出了真身，响声底气十足，清脆响亮。溪流上面赫然是一座古色古香的风雨桥，桥长十多米，宽二三米，粗大的木柱并排架空在两岸，木板铺底。桥身上四排立柱，支撑起亭廊，亭廊上黑瓦盖顶，飞檐翘角，可以遮风也可以挡雨。桥的中间为过往通道，两侧是坐板，可供过往的行人坐卧歇息。风雨桥与石板路相互依存，宛如龙脊红瑶人生活中不可或缺的伴侣，共同连接出一条充满深厚情感的交流通道，见证着他们日复一日的往来与耕作。

看到云层往山头压低下来，我便起身赶路。过了风雨桥，树林矮了，梯田一圈一圈地在一个个山包间荡漾开来，延伸进浓浓的云雾里，看不到尽头。坡度开始变陡，高低错落的石板铺设成了层层而上的台阶。路上走的人少了，草木便肆无忌惮地蔓在台阶石板上。高一点的，比如翅柃、长叶猕猴桃、锦带花、菝葜、野线麻、青榨槭等，它们不管石头愿不愿意，也要挤过来，从路旁石缝里伸出枝叶，尽情舒展。低矮的，像攀倒甑、车前草、细风轮菜、土黄连、鸭儿芹、鼠曲草、龙牙草、苔藓、地衣之类，干脆挤在石板与石板之间生长，甚至俯下身子贴着石头攀爬。这些植物，是石板路上的精灵，书写着一个个生命的奇迹。

雨说来就来了，天地瞬间混沌起来，一条青青的石板路蜿蜒在龙脊的苍茫里，美到了天际。我想，此刻它一定是书写在金坑梯田上最美的诗行。

我还走过龙脊山文化烙印最深的一条石板路。它连接着龙脊古壮寨的平段寨与平寨。除了寨子里的路段统一规划、修葺一新之外，剩下的路段还保留着它原来的模样。从平段寨到平寨，路程不长，却铺了两条石板路，东边一条，西边一条，形成闭环。两条石板路各显姿态。东边的石板路相对直一些，除了路面铺上不计其数、石质细密、坚实耐磨的青石和麻石，两旁还垒砌了一米多高的石墙。西边的石板路顺着小溪而下，坡度相对陡峭一些。铺建这些石板路的石头，都是龙脊山上特有的页岩。听寨子里的老人说，开凿这些石头，通常都是集体出工。趁着秋末到第二年开春这段农闲期，各村寨选派一些手艺好的工匠，先去山里找寻特别坚硬的石头，再由村民前往开采和驮运，小的石块用来铺路，长的石板合并铺桥。

我是顺着西边的石板路走到平段寨的村口的，小溪也伴着路顺流而下。来到平段寨，石板路旁的小溪边，三棵古树静静矗立。最上方的是一棵直立的红豆杉，历经 320 年风霜，依然挺拔；斜长的是一棵猴枣树，已有 160 岁高龄，树身青苔斑驳；最引人注目的，是路底下那棵五人合抱才能抱完的古樟树，它有 400 岁了，仰头看去，高耸入云，约 30 米的高度见证了它岁月的积淀。古树、石板路、小溪、老屋相映相衬，组合成了一幅绝美的乡村画卷。

我坐在村头的石板上，与几位潘姓的老者攀谈起来。经过一番深入的交流，我逐渐明晰了龙脊古壮寨的轮廓。原来，这里的几个寨子是一个村委的，聚居的全是纯朴的壮族人民。整个壮寨由廖家寨、侯家寨、平寨和平段寨这 4 个自然村屯共同组成，它们彼此相邻。从地势上看，廖家寨居上，侯家寨居中，平寨居下，三个寨子融为一个整体；平段寨不连在一起，而是再往南面下坡方向挪了一两里路。廖家为廖姓，侯家为侯姓，平寨和平段寨都为潘姓。潘姓始祖迁入龙脊山，先在平段寨落根，再往平寨等村寨

平段寨的石板路旁，古树静静盘立
卢初龙／摄

开枝散叶。我看着这些热情的老者，再看看寨口这几棵古老的风水树，更感到龙脊古壮寨的古意盎然和岁月的沉淀。

关于蜿蜒在龙脊这片古老土地上的石板路，还有这些刻在石头上的民族记忆和文化印记，我仔细询问并聆听，以免错过任何细节。龙脊的壮族石文化，宛如一部充满活力的史书。每条石板路都像史书中的字迹，共同绘制了一部悠久的历史长卷。据统计，在这片方圆 20 里的区域内，竟有近 300 座石板桥连接着石板路，其中仅龙脊古壮寨一地，就拥有 57 座之多。此外，石门、石缸、石碾、石磨、石臼、石碑、石刻等石制品更是数不胜数，它们如同繁星般点缀在这片土地上，形成了一个“三步一石，五步一刻，十步一碑”的石头艺术大观园。这些石文化景观，每一处都是壮族人民勤劳与智慧的结晶，它们诉说着这片土地上的故事，它们是梯田文化的组成部分，传承着壮族的文化与记忆。

几位老者还告诉我，从大樟树走下去不远，还竖立着三块石碑，其中一块石碑可大有来头。我怀着好奇的心情，顺着石板路而下，溪水簌簌往低处流走，走过长长青石板铺设的石板桥，来到平段寨寨子的南端，就看到一块镶在青石头上的石碑。碑面有些破损，大部分字迹清楚，有几个字风化严重。

这块特殊的石碑，当地人称它为“潘天红请愿碑”，碑上刻碑额“奉宪永禁勒碑”。《奉宪永禁勒碑》是一种古代官府颁布的禁止碑，通常用于昭告并禁止某些行为或陋习。“奉宪”表示这是奉了朝廷或上级的命令和意志。“永禁”表示这种禁令是永久性的。“勒碑”意味着这种禁令被刻在石碑上，以显示其重要性和持久性。

关于这块石碑，当地流传着这样一个故事——

清乾隆五十七年（1792 年），龙脊地区正经历着一段黑暗的时期。县衙官吏们无视百姓的疾苦，巧立名目，大肆搜刮民脂民膏，使得百姓们生活在水深火热之中。然而，在这样的困境中，一个名叫潘天红的村民挺身而出，决定为民请愿。尽管他家境贫寒，长年累月为人做长工，但他拥有过人的胆识和坚定的信念。在封建社会里，民告官几乎是不可想象的事情，但潘天红为了改变乡亲们的苦难生活，毅然决然地踏上了前往柳州府告状的道路。他历经千辛万苦，终于来到了柳州府，并在大堂上血泪控诉了县衙官吏的种种罪行。经过查实，柳州府正堂下令废除了那些苛捐杂税，并制定了六条禁令，以规范官吏们的行为：一、采买茶叶，应照例选差亲信家丁赴各圩场城里，照时价公平采买，毋得任听书差发价向乡民勒买，以致短价累民。二、各衙门采买鸡鸭猪只等项，应在城市圩场照依时价公平采买，毋得混发官价，派勒乡民。三、衙役奉票缉拿要犯，至乡踹缉，均应自备盘费，毋许乘坐兜轿，滥派乡夫及需索酒饭供应。四、给发委牌钱壹千贰百文，当堂给领，毋得假手书差，致启需索陋规。五、修理塘房，应官雇工

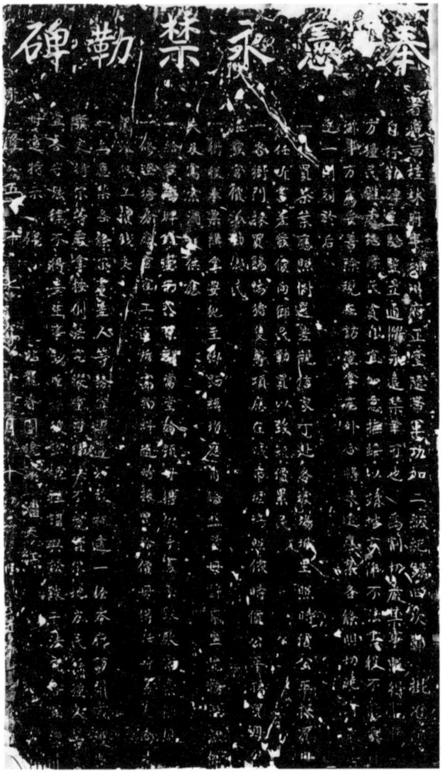

《奉宪永禁勒碑》（资料图）

匠，所需物料，随时采买给价，毋得任听书差向民间派收工价钱文。六、上应禁各条，尔书差人等务宜懔遵，如敢抗违，一经本府访闻或被告发，定将尔等严拿，按例法究，从重办理，决不宽贷。广西桂林府事、柳州府正堂还批准了潘天红将禁令刻在石碑上的请求，以永久铭记这一历史时刻。

当潘天红为民告状成功的消息传回龙脊地区时，乡亲们欢呼雀跃。他们组织起唢呐、锣鼓、舞狮队到几十里外迎接这位英雄。潘天红和他的石碑被人们抬回村寨，成为一处象征公平与正义的标志。凭借着这块《奉宪永禁勒碑》石刻上的禁令，龙脊的百姓自此过上了100多年免除苛捐杂税的太平日子。潘天红为民请愿的功德也永远铭记在龙脊百姓的心中，成为一段流传千古的佳话。

距离《奉宪永禁勒碑》十多米的廊亭旁边，还并列立着两块碑碣。一块是《严规安民碑》，立于清道光二十九年（1849年），此碑为龙脊乡规碑，已断为两段，字迹风化严重。另外一块是《兰桂腾芳碑》，立于民国十七年（1928年）。此碑主要记载成立添丁会的目的和要求，是一篇准许成立社会团体的告示。碑文保存较为完整，字迹清晰可辨。这些碑碣对研究龙脊地方志和梯田文化有着较高的参考价值。

我继续未走完的路。漫步在被古茶树园围墙包围的石板路上，感受着风中泥土、木头和石头的气息。雨后阳光下，青石板发亮，石缝间的小花小草挂着水珠。我把脚步慢下来，让心灵与石头世界共鸣，感受每块石头和石刻的生命活力与历史的厚重感。

在平寨，在侯家寨，在廖家寨，我循着石板路，专心致志去寻找那些刻在石头上的莲花、宝剑、太极、八卦等有着特殊含义的图案。这些图案虽然年代久远，但依然清晰可辨，它们是龙脊的密码，暗藏着那些不为人知的故事。我还专门去瞻仰了莫一大王石像、石刻绣球图和石寨门等广西所独有的石刻作品。龙脊先辈用石头做载体，以雕刻的方式，传承着祖先的文化和智慧。这些石刻作品，不仅是他们信仰和文化的体现，更是他们精神的寄托和追求。

石板路在廖家寨的一个斜坡上突然变得开阔，铺展成台阶，登上斜坡，便看到一座亭子。亭子中央遮着一口泉水，泉水从石头间喷涌而出，日夜不息。井口雕刻着石龙，龙口喷水，寓意着神龙赐福，降雨人间。泉水落入形似脚印的石盆中，一位壮族阿婆正在石盆里洗菜，她对我轻轻讲述了龙泉的传说。清同治年间，龙脊遭遇大旱，庄稼枯萎，人心惶惶。为了祈求雨水，寨老带领村民就着原来的老井深挖，用长石笕引出清泉，并在长石笕上雕刻了一条石龙。次日清晨，大雨倾盆而下，人们惊喜地发现井口边的大青石板上有一个三尺多长三寸深的大脚印。自那日起，

太平清缸　卢初龙／摄

这口井日夜涌出清泉，人们相信这是神仙和龙王留下的足迹，于是称之为龙泉。如今，龙脊壮家人仍保留着大年初一挑新水、六月初二祭拜龙王的习俗。

太平清缸的位置比龙泉略低，沿着穿过寨子的石板路，往平安寨方向，绕过几栋古朴的干栏木楼，便能在一个三岔路口的转角处寻得它的身影。这是一个用 5 块大青石板巧妙组合而成的长方体，底部与四面相接，四根石柱坚实地支撑着整个结构。其尺寸精确，高三尺八寸（约 1.27 米），宽二尺八寸（约 0.93 米），长五尺二寸（约 1.73 米）。缸身上刻有“太平清缸”“同治壬申修治”“武威仁顺记立”“孟冬吉日存沆”的文字，记录着其历史与修缮的痕迹。太平清缸做工精细，严丝合缝，即使经历了岁月的洗礼，依旧滴水不漏。其石柱上雕刻着两只青蛙和两只螃蟹，栩栩如生。壮族先民认为青蛙对天气变化有着敏锐的感知能力，视其为上天派下来的水神。据传，太平清缸是由廖家寨的廖光春老人请石匠所建。建成后，村民们纷纷挑水倒入缸中，蓄满清水，以备旱季防火抗旱之需。如今，每逢大年初一，廖家寨的村民们都会聚集在太平清缸旁，焚香祭祀，祈求新的一年风调雨顺、平安吉祥。

“三鱼共首”的景观，位于龙泉南面，在龙泉下游不远的风雨桥上。龙泉作为龙脊古壮寨的溪流之源，泉水自源头喷涌而出，落入形似仙人脚印的石盆中，满溢而出，蜿蜒而下，从而形成了一条清澈的小溪。大约在光绪年间，龙脊古壮寨的先祖，去深山里开采了 4 块长 4 米宽 0.8 米的石板，在这条石板路与小溪的交会处，架设了这座石板桥。随后又在石板桥上修建了一座木构风雨桥。在桥面其中一块厚实的大青石板上，就雕刻着“三鱼共首”的精美图案。图案阳刻三条鱼，三条鱼共用一个三角形的鱼首，向一个圆心游去，旁边还阴刻着两条鱼，绕着圆圈游动，阳刻与阴刻技法在这图案里相互融合。“三鱼共首”石刻是龙脊古壮寨所有石刻里最具有代表意义的作品，一个村寨、一个民族团结和谐的精气神都体现在这件作品里。“三鱼共

象征团结和谐的“三鱼共首”石刻图　卢初龙／摄

首”图案并不是龙脊古壮寨的首创，早在汉代，就出现了“三鱼共首”图案，历经千余年，它演变为一种装饰图案，常见于陶器、瓷器上。在湖南、广西交界的多个地方出现过这个源远流长而且寓意深远的图案，它包含着深厚的文化内涵，是团结的图腾。对于龙脊古壮寨“三鱼共首”石刻的来源，在民间存在几种不同的说法。有一种说法是为了纪念龙脊古壮寨廖家先祖廖广源、廖广德、廖广道三兄弟团结一心，艰苦创业的丰功伟绩，特刻一个“三鱼共首”图，以告示后人；有一种说法是为了纪念廖、侯、潘三个异姓的家族联谊交往，结为一家；还有一种说法是象征龙脊古壮寨及周边寨子长期共同生活的不同民族之间的和谐团结。不管哪一种说法，都离不开团结和谐这个主题。

古道悠悠，石板青青。龙脊的石板路漫长而静谧，见证了历史的沧桑，也见证了人间的温情。它默默地躺在山谷里，任凭风吹雨打，却依然坚韧不拔，静静地诉说着过去的故事。而我，作为一个过客，有幸踏上这条通往龙脊山的石板路，聆听它的故事，感受它的韵味，也是一种难得的缘分。

收成

▼龙脊梯田不仅风景如画，更孕育了四样珍贵的特产——龙脊辣椒、龙脊香糯、龙脊水酒和龙脊茶，它们被统称为「龙脊四宝」。

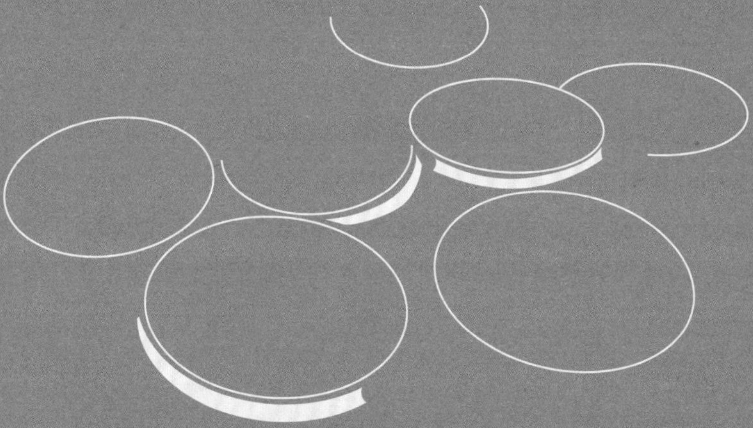

秋天的龙脊，稻浪翻滚　潘志祥／摄

龙脊红

龙脊山上龙脊辣，
昨日珍品也有她；
妹我只在屋边种，
又辣又香哥来夸。

龙脊辣椒像火红的爱情，被龙脊当地的有情人唱在山歌里。

龙脊红就是龙脊辣椒。

我第一次接触龙脊辣椒，是很多年前的事了。那年告别平安寨，克省家热情地赠了我一袋红彤彤的干辣椒。

那时候，我还真没太当回事。心想，辣椒嘛，哪儿都有，普通得很。于是，随手就把它放在了公平湖的老家，时间一长，这事儿也就淡忘了。直到当年的春节，家里来了客人，聊起天来提到想吃点辣椒，母亲这才想起那袋辣椒，找出来一看，颜色还是那么鲜亮。她简单地剪碎，加了点酱油拌了拌，那香味儿，不呛鼻子，却又让人忍不住想尝。吃起来，辣得刚刚好，吃完嘴里还留有余香，大家都说好吃。

说到辣椒，母亲每年都种一些，用的是自己留的延续了几十年的种子，种在公平湖边，长出来的辣椒个头稍微大一些，辣味也正合适。我一直觉得那就是世上最好吃的辣椒了。可没想到，当龙脊辣椒一上桌，那香味儿直接把公平湖的辣椒给盖了下去。

我第二次“收获”龙脊辣椒，是在龙脊十三寨的马海村。

马海，这个的名字与马、海无直接联系，是壮语“马嘿”的谐音，壮语“马”为来之意，“嘿”为开田之意，合在一起寓意着“召唤众人来此开垦田地”。马海村位于龙脊镇中部东侧高峰锅底塘的山腰上，与平安寨隔着峡谷遥遥相望。马海村的村民以壮族为主，瑶族次之。两个民族人民和谐共处，共同耕耘着这片土地。马海村下辖老寨、鱼

远眺马海村（资料图）

绞等 7 个自然村，每个自然村都保留着独特的韵味和故事。

马海自然风光旖旎，茂林修竹间云雾缭绕，梯田层层叠叠。这里的屋与梯田融合在一起，完美诠释了“天人合一”的古老智慧。2016 年，马海村田寨组入选第四批中国传统村落名录。2024 年 1 月，马海村入选第二批“宜居宜业和美乡村”创建示范基地。马海村文化底蕴深厚，古老的寨门、村巷古韵悠悠，还有那历经风雨仍屹立不倒的三女石板桥，向世人诉说着蒙家三女的传统美德与无私奉献。而马海的古法造纸技艺更是远近闻名，造纸作坊内不断运转着抄纸、压榨、烘干的工序，环环相扣。马海村的核心地标——半山书吧，隐于梯田翠绿间，竹木构筑，雅致清新。午后阳光透窗，洒满书页，书香的氤氲与稻田的芬芳

马海村屋前村后的地里种满了辣椒　韦吉阳 / 摄

交相辉映，耕与读在这里完美结合。

充满着诗情画意的马海，其最迷人的风景莫过于漫山遍野的辣椒成熟时的景象。

辣椒的种植始于农历二月，而农历七八月份便是它们的收获季节。我首次踏足马海，恰逢辣椒成熟的时节。随着浅秋的到来，马海村仿佛被大自然的调色盘轻轻一抹，披上了最为绚烂的红色。在村间的小径旁，房前屋后，辣椒都以一种热烈而坚韧的姿态生长着，宣告着丰收季节的到来。这些龙脊辣椒，全年生长期长达 180—210 天，植株高 80—95 厘米，开展度约 44.2 厘米，果实长度为 5—9 厘米，宽度约 1.5 厘米，肉厚约 0.2 厘米，单果重 6—7.5 克，产量高。一串串辣椒挂满枝头，沉甸甸地低垂着，似乎在向过往的行人展示它们的丰盈与饱满。它们短牛角形的身姿，不仅勾勒出辣椒独特的韵味，更蕴含着大自然赋予的勃勃生机。果皮鲜红光亮，宛如清晨的第一缕阳光，耀眼而不刺眼，令人过目难忘。

村民们忙碌的身影穿梭在田间地头，他们小心翼翼地摘下这些成熟的辣椒，脸上有藏不住的喜悦。摘回来的辣椒被平摊摆放在晒排上，享受着阳光的沐浴与风的轻抚。随着时间的推移，这些辣椒逐渐从鲜艳的红色转为深红，直至身体皱缩，紧致而刚硬。晒排上，一个个红色辣椒连缀成云朵，将整个马海村装点得如同梦幻一般。空气中弥漫着辣椒特有的香气，那是一种混合了泥土、阳光与汗水

晾晒龙脊辣椒　韦吉阳／摄

的味道，质朴而醇厚。它不仅仅是一种食物的香气，更是马海村人对这片土地深情厚谊的见证。在这样的季节里，辣椒成为马海村唯一的主角。

我忍不住买了一袋马海辣椒回来，这些辣椒产自海拔800米以上的云雾山中，形状如牛角，颜色鲜艳，外观诱人，肉质厚实，辣味浓郁且香味独特。它们不仅富含辣椒素和挥发性芳香油，还含有多种人体所需的维生素。食用后，能开胃提神，驱寒除湿，增进食欲，是佐料中的佳品。龙脊辣椒除鲜食外，还可加工成干辣椒、椒粉、椒油、辣椒酱、腌制酸椒，畅销全国各地。

马海辣椒之所以如此出色，离不开马海村得天独厚的地理位置和生态环境。马海村地处亚热带季风气候区，雨量充沛，气候宜人，年平均气温 18.1℃，极适宜辣椒的成长。优异的生态环境条件让龙脊辣椒形成了独特而优异的品质：个匀、饱满、籽多、油润、色红、味香、辣足、可口。2013 年 4 月，“龙脊辣椒”获得国家农产品地理标志登记证书。在众多龙脊辣椒中，马海辣椒以其卓越品质，更是享誉四方。

马海村不仅建立了梯田水稻观光农业基地，还建立了国家地理标志产品马海辣椒种植基地。村民们将传统种植方法与现代科技相结合，确保了龙脊辣椒的品质与产量。一年一度的马海辣椒节吸引了众多游客前来观赏和品尝，成为龙脊旅游的一张闪亮名片。

龙脊辣椒不仅仅是餐桌上的调味品，更是梯田文化的一部分。在梯田间，辣椒书写着属于它的火红诗篇，让这份来自大山的味道，自带着一股辣得恰到好处的热情。马海辣椒红，不仅象征着丰收与喜悦，更象征着马海人对生活的热爱与执着。在这片神奇的土地上，辣椒以它独特的方式，讲述着一个个关于勤劳、智慧与希望的故事。

龙脊香

龙脊最香是香糯。

在云雾缭绕的龙脊山脉深处，隐藏着一片被岁月雕琢的梯田，它们见证了龙脊人与这片土地不解的情缘。这里，正是龙脊香糯的故乡。

龙脊香糯相较于广西其他地区的香糯，有着独特的魅力。其生长环境——龙脊梯田，赋予了它得天独厚的地理优势，肥沃的土壤和显著的日夜温差使得龙脊香糯能够充分汲取养分，积累更多的风味物质。壮族人民世代相传的独特耕作方式，更是保持了土壤的原始生态，使得香糯的品质更加纯正。加之经过长期选育，龙脊香糯的米质纯净、洁白如玉，在广西乃至全国的糯米中独树一帜。

龙脊香糯是大自然的馈赠。

龙脊的山，巍峨挺拔。海拔之高，让云雾常年缭绕其间，为这片土地披上了一层神秘的面纱。土壤肥沃而深厚，富含多种矿物质，是龙脊香糯生长的理想之地。在龙脊山脉的怀抱中，春天以一种温柔而坚定的步伐悄然降临。随

晾晒龙脊香糯　陈善华 / 摄

着第一缕春风拂过，开耕节之后，开始播种。梳秧节之后，开始插秧。在春雨的滋润下，龙脊香糯的秧苗开始拔节。随着时间的推移，整片梯田逐渐被一弯弯翠绿的稻田所覆盖。夏日来临，龙脊香糯在充足的阳光和雨水的滋养下茁壮成长。稻叶由嫩绿逐渐转为深绿，稻穗也逐渐饱满起来，微风拂过，稻田里泛起层层绿色的波浪，散发出淡淡的稻香。到了金秋时节，龙脊香糯迎来了它最为辉煌的时刻。沉甸甸的稻穗压弯了稻秆，金黄的稻田在阳光下闪着耀眼的光芒，金色的梯田线条优美，像一条条金龙盘绕着山坡，与蓝天白云相映成趣。

收获季节，村民们手持禾剪，满怀喜悦地走进稻田，开始了收割的工作。他们挥汗如雨，但脸上却洋溢着满足和幸福的笑容。随着禾剪不停地舞动，一根根沉甸甸的稻

收割香糯时使用的传统工具——禾剪（资料图）

穗被切断，采收成把。村中小道上随处可见村民们忙碌地搬运香糯的身影，丰收的气息弥漫山间。

经过晾晒与脱粒的工序之后，龙脊香糯展现出它最为纯净与质朴的一面。白糯米润白如玉，红糯米红如胭脂，这粒粒饱满、色泽温润的米粒，仿佛是龙脊山水孕育的精灵，蕴含着龙脊山的精华。闻之糯香浓郁，蒸之蓬松弹牙，揉之柔软黏滑。龙脊香糯不仅口感独特，而且营养丰富，含有糖类、蛋白质、脂肪、维生素 E 以及钙、铁、锌等多种人体所需的营养元素。但龙脊香糯因其产量低而显得尤为珍贵。在当地，村民们通常只舍得在节庆时将其制成年糕、汤圆、粽粑、糍粑、竹筒饭、水酒等民间美味来食用。

最欢快的就是春节时，马海村家家户户都会用龙脊香糯制作糯米饭。那雪白的糯米饭，晶莹剔透，软糯香甜，搭配上各式山野珍馐，成为一道道令人垂涎欲滴的佳肴。每当这个时候，整个村寨都沉浸在一片浓郁的糯香之中，人们围坐在一起，共享这份来自土地的馈赠，感受着亲情的温暖与节日的喜悦。

而年糕，则是龙脊人民对新年最美好的期盼与祝福。他们将龙脊香糯做成细腻的年糕，形状各异。在岁末年初的寒风中，一口热腾腾的年糕下肚，仿佛就能驱散所有的寒冷与疲惫，让人心生暖意。在元宵佳节，龙脊香糯还能变换出汤圆这样的精致小吃。那一个个圆润饱满的汤圆，包裹着甜蜜的馅料，轻轻一咬，便流淌出满口的糯香与甜蜜。一碗碗热气腾腾的汤圆，不仅温暖了家人的心房，也传递着龙脊人民对团圆与美满生活的向往与追求。

还有糍粑，那是龙脊各村寨的另一种令人难以忘怀的美食。选用优质的龙脊香糯，经过淘洗、浸泡、蒸煮等多道工序后，糯米变得异常软糯。此时，人们趁热将糯米倒入石臼中，用木槌反复舂捣，直至糯米变得细腻黏滑，形成一团团洁白如玉的糍粑。制作好的糍粑，可以直接食用，感受其软糯黏牙的口感，也可以包裹上黄豆粉、芝麻糖等配料，增加其风味。无论是哪种吃法，糍粑都能带给人一种温暖而满足的感觉。

每当粽叶飘香的季节，龙脊的家家户户便忙碌起来。精选的上等龙脊香糯，经过一夜的浸泡，米粒吸足了水分，变得更加柔软而富有弹性。接着，人们将糯米与精选的馅料——或是咸香的五花肉，或是烟熏腊肉，或是甜蜜的豆沙馅，巧妙地包裹在宽大的粽叶之中，再用细绳紧紧扎牢，放入大锅中慢火焖煮。随着时间的推移，锅中渐渐散发出诱人的香气，那是粽叶的清香与糯米的芬芳交织在一起的味道，令人沉醉。当粽粑终于出锅，剥开绿色的粽叶，金黄色的糯米与五彩斑斓的馅料映入眼帘，咬上一口，软糯香甜，回味无穷，仿佛能瞬间驱散所有的疲惫与忧愁。

龙脊竹筒饭，更是将龙脊香糯的魅力发挥到了极致。竹筒饭的野趣与香糯的完美结合，让人在品尝美食的同时，也能感受到龙脊山林间的清新与自由。制作竹筒饭，选材极为讲究，需要清晨伐竹，精选绿皮白霜、大小适中的竹子。每节约 35 厘米，粗约 5 厘米，内结竹膜，这是大自然特意为这道美食准备的容器。将香糯用龙脊山的山泉水浸泡，加入腊肉、香肠、木耳、干笋等配料，通过竹筒上的小孔缓缓灌入，留四分之三的空间，既保证了米饭的充分膨胀，又保留了竹筒内的空气流通，让每一粒米都能均匀受热。用红薯塞住入口，作为天然的密封盖，不仅锁住了食材的鲜美，更增添了几分质朴与乡野气。接下来用木炭小火慢烤，翻动间，水蒸气与香气交织上升，竹子的清香与糯米的芬芳相互渗透，融为一体。三四十分钟后，竹筒内的水分完全被糯米吸收，竹膜轻裹，一份色香味俱佳的竹筒饭便宣告完成。劈开竹筒的那一刻，仿佛打开了一个关于自然界的秘盒，竹子的清香与米饭的酱色交相辉映，腊肉、香肠、木耳、干笋的点缀让整份竹筒饭更显诱人。

米饭软糯咸香，腊肉肥瘦相间，脂肪融入米饭之中，肥而不腻，瘦而不柴，每一口都是对味蕾的极致挑逗。到龙脊梯田，若不吃上一口这原汁原味的竹筒饭，又怎能说真正体验过这里的风土人情呢？

在瑶族文化中，流传着一个关于糯米婆婆的美丽传说。据说在古老的瑶山，土地被土司所霸占，瑶族人民仅有的土地只够勉强维持生计，种植糯米更是遥不可及的梦想。一日，一位老婆婆来到一户瑶民家中，声称自己饥肠辘辘。瑶民们心怀同情，将仅剩的谷种煮熟后供她食用。老婆婆饱餐一顿后，留下一袋红糯米种子作为答谢。瑶民将这些种子播种在自家田地里，稻穗长得异常茂盛，但因为田地狭小，一天之内便收割完毕。出乎意料的是，第二天稻穗竟奇迹般地再次长出。瑶民们出于好奇，暗中观察，发现老婆婆再次出现，她用箩筐轻轻一罩，红稻穗便再次生长。土司得知此事后，心生嫉妒，带着猎狗追捕老婆婆，老婆婆因此受到惊吓而逃走，从此再也没有出现。然而，瑶族人民始终尊称她为糯米婆婆，将她视为谷神。

龙脊香糯是龙脊梯田文化的重要组成部分，它融合了家族观念、宗教信仰以及风俗习惯等丰富的文化记忆。它不仅代表了以稻作为核心的农业生产方式和耕作文化，还深深融入了地方社会文化的各个层面，为传统的稻作文化注入了特殊的情感和生命力。

一田种糯遍垌香，一家蒸糯全村香。龙脊香，不仅飘着美食的香，还飘着稻作文化和民族情感的香。

龙脊甜

龙脊水酒很甜，具有极大的诱惑性。这是我第一次见到龙脊水酒的印象。

20 多年前的暑假，我和几位友人到平安寨采风。那晚正赶上农历七月半，月亮特别明亮。我们围坐在木楼的火塘边的餐桌旁，桌上摆满了各式各样的壮族美食，一坛龙脊水酒散发着诱人的香气。这酒澄清见底，滴而成丝，品之芬芳蜜甜，极为丝滑爽口。几位友人原本说好了，吃完晚饭到平安小学的操场，观看月新参加的彩调表演。可几位友人不知深浅，疏忽了纯正龙脊水酒的后劲，这一喝，欲罢不能，醉意上头，豪言壮语比平时响亮。我抿了一小杯，看演出去了。几位友人脚步踉跄，卧在桌旁跟壮家主人天南地北海侃。

这个月色清澈的夜晚，龙脊水酒仿佛有一种魔力，不仅温暖了来客的身体，更拉近了彼此的心。

我后来专门请教了月新的父亲，大致了解了有关龙脊水酒的酿制流程。

在龙脊这片被历史与自然双重眷顾的土地上，龙脊水酒的酿制不仅是一门技艺，更是一种文化的传承与生活的艺术。它的制作过程，是龙脊人民世代相传的文化与智慧的结晶。

龙脊水酒的酿造始于对大自然的精心挑选。清澈见底的龙脊山泉，富含多种矿物质，为水酒提供了纯净甘冽的水源，而当地特产的龙脊香糯，以其独特的品种优势，保证了酒体的丰富养分与独特风味。香糯经过严格筛选与清洗，确保每一粒都饱满无瑕，为后续的发酵奠定坚实基础。

蒸煮好的香糯冷却至适宜温度后，便迎来了发酵的关键时刻。此时，把特制的酒曲均匀地撒入糯米中，酒曲中的微生物群在适宜的温度与湿度条件下迅速繁殖，分解稻米中的淀粉与蛋白质，转化为酒精与丰富的风味物质。整个发酵过程需要酿酒人精心照料，利用自然环境中的温湿度变化，为微生物创造最佳的生长条件。随着时间的推移，陶罐或木桶内逐渐弥漫出浓郁的酒香，标志着发酵的成功与酒体的成熟。

当发酵达到一定程度时，按照一定比例加入龙脊山清冽的泉水，这一步骤不仅调节了酒体的浓度与口感，更赋予了水酒更加丰富的层次与风味。随后，酒坛被严密封存，进入陈酿阶段。时间是最好的调味师，随着岁月的沉淀，酒体越发醇厚，香气更加浓郁。密封得越严越久，酒味便

上：簸米准备酿造水酒
中：将蒸好的糯米饭取出
下：把酒药揉碎掺入糯米饭里
黄勇丹／摄

龙脊水酒 陈善华／摄

越浓越香，甚至可存放数年而不变质，成为龙脊水酒中的珍品。

经过一个多月的发酵与陈酿，龙脊水酒终于揭开其神秘的面纱。无须蒸馏的它，保留了最原始的米香与甘甜，入口绵柔，回味悠长。在龙脊人的日常生活中，龙脊水酒不仅是节日庆典的必备佳酿，更是亲朋好友相聚时的温馨陪伴。壮家和瑶家人热情好客，以水酒相待，一杯接一杯，传递着浓厚的情谊与欢乐的氛围。而那些贪杯之人，往往会在不经意间沉醉于这甘甜的酒香之中，享受一场心灵的盛宴。

龙脊茶

龙脊茶（资料图）

广西的茶叶生产主要集中在桂东、桂南、桂西和桂北四大优势产区。在这些产区中，龙脊茶因其独特的生长环境——桂北的龙脊梯田风景区而闻名遐迩。作为龙胜各族自治县的特色产品，龙脊茶拥有悠久的历史，早在乾隆年间就曾被选为贡品，这在龙脊村平段寨的石碑上是有记载的。龙脊茶采用传统工艺精制而成，以其紧实的条形、乌黑的色泽、浓郁的香气和醇厚的口感等卓越的品质著称。龙脊茶富含氨基酸、咖啡碱、生物碱等多种对人体健康有益的微量元素，是强身健体、降脂养颜、有益健康的天然茶中珍品，被尊为中国二十八大名茶之一，并被收录于《中国茶学辞典》中。2015 年，“龙脊茶”取得国家农产品地理标志登记证书。

龙脊茶的名声一直都很大，而我真正喜欢上龙脊茶，是在 2024 年的除夕之夜。我们在金坑大寨一栋木楼里，一边陪主人潘乾忠守岁，一边围炉煮茶，谈论着红瑶的各种习俗。

夜里的霜气很重，火塘里的炭火冒着温暖的光芒。炭火上架着铁三角，铁三角上架着铁锅，铁锅里盛着山泉水和龙脊山的古树红茶。水滚开了，茶叶在开水中跳跃。潘乾忠手持长柄勺子，轻轻搅拌着锅中的龙脊古树红茶，茶香随着锅中的水沸腾而四溢，弥漫在空气中。煮出来的红茶，色泽深邃，透出一种诱人的光泽。

观其茶色，龚练兵老师和黄春华老师顿时眼睛一亮。他们一位是资深的茶叶收藏家，一位是熟读《茶经》的儿童文学作家，对茶颇有研究。我只是略懂皮毛。下午我们在茶几上是泡过几泡龙脊红茶，茶味虽醇，却比不上这个辞旧迎新的夜里铁锅煮出来的红茶。茶香馥郁，口感醇厚，既不涩也不苦，仿佛是大自然的馈赠，带给人无尽的舒适与满足。每一口都能品尝到茶叶的鲜美与炭火的烟熏味，这一抹独特的韵味，使得口感层次丰富，既醇厚又不失细腻，香气仿佛在舌尖上跳跃，让人回味无穷。龚老师轻轻点头，赞叹道："这才是龙脊古树红茶的真谛啊！"黄老师则眯起眼睛，一脸陶醉："如此妙茶，配上这守岁的氛围，真是人生一大乐事。"

潘乾忠详细地向我们讲述了他制作龙脊古树红茶的独特过程。

龙脊山的气温偏低，茶叶生长得比较慢，所以采摘的时间也相对晚一些。等到谷雨时节，古茶树上的鲜叶就成了制作红茶的优质原料。采摘下来的茶叶被均匀地摊放在竹匾上，放在通风透气的地方，让茶叶自然地失去一些水分，变得柔软，为后面的揉捻做好准备。在这个过程中，茶叶的香气也慢慢地散发出来了。

制作红茶一般不用杀青，但潘乾忠有自己的方法。他会把萎凋后的茶叶倒进加热的铁锅里，用双手不停地翻炒，时间虽然不长，但很关键。这一步并不是传统意义上的“杀青”，因为红茶不需要终止酶促氧化。但这样的高温处理能改变茶叶的一些特性，比如让茶叶更柔软，去除青气，或者促进后面的发酵，潘乾忠称这一步为“过红锅”。过了红锅翻炒后的茶叶，再进行揉捻。揉捻好的茶叶用纱布盖好，放在特定的温度和湿度条件下进行发酵。这是红茶制作过程中最关键的一步，茶叶中的多酚类物质在酶的作用下发生氧化反应，茶叶的颜色由绿变红，香气和口感也发生了很大的变化。

最后是烘焙步骤，当茶叶炒至七八成干的时候，潘乾忠会把茶叶均匀地摊放在烘盘上，放进烘焙机里，温度调到70℃—80℃。每隔两三分钟，他就会轻轻地翻动一次茶叶，确保烘焙得均匀。然后，他会把烘焙温度降到40℃—50℃，继续烘干，直到茶叶达到理想的干燥程度。最后，把茶叶摊凉，整个制作流程就完成了。通过这样的用心制作，潘乾忠为我们带来了香气四溢、口感醇厚的龙脊古树红茶。

为了体验一把采茶的乐趣，我们从除夕之夜盼到了谷雨时节。

2024年谷雨这天，我们踏入了中六村下布组，此时已是下午。新雨初歇，天空如洗，春山在雨后更显清朗。云雾在河谷间缓缓流淌，它们漫过茶山，轻轻浸润着那些翠绿的新叶，仿佛给每一片叶子都披上了一层神秘的面纱。

在这里，我们遇到了潘志桃，一名身着红瑶传统服饰的女子，她是桂林龙胜云端农业开发专业合作社的发起人。她背着背篓，带着几名红瑶阿嫂上茶山采茶，还邀请我们一同前往。

一路上，她向我们讲述着有关龙脊茶的知识和文化。

龙脊茶树主要生长在龙胜龙脊梯田景区一带。宋末时期，龙脊当地壮族、瑶族农民开始将野生大叶茶树移植到

一棵棵龙脊古茶树枝繁叶茂，在阳光的照耀下，更显生机盎然，翠绿的叶片上闪烁着柔和的光泽
卢初龙／摄

自家田园中，进行茶树繁殖。茶园海拔在800米以上，位于亚热带季风气候区，由于冷暖空气的交替作用，这里四季分明，雨水充足，土壤富含有机物，日照时间较短，昼夜温差大，终年流水潺潺，云雾缭绕，晴朗的早晨和傍晚，田野间弥漫着茶香，而在阴雨连绵的日子里，则满山云雾缭绕。这种未受污染、独特的生长环境，是形成高山云雾香茶的理想之地。中六村的平均海拔超过1000米，这得天独厚的环境孕育了让村民们引以为傲的龙脊古树茶。目前，中六村拥有超过1.7万株茶树，其中包括3000余株保存完好的原生态古茶树，80余株树龄超过百年的古茶树。据广西茶叶科学研究所的专家估计，最大的"茶王"树龄有600—700年，其胸径达到30厘米，树高约为3.5米。

每年谷雨前后，金坑的中六村都会举办龙脊古树茶祭茶节。这是当地少数民族群众对茶叶的一种深厚感情和崇拜，他们觉得茶叶就像是能保佑大家身体健康的神灵一样，所以就有了祭拜茶神、祈求赐福的传统习俗。每到祭茶节的时候，村里就会举行古茶树祭祀大典，大家还会唱起采茶歌，跳起采茶舞，特别是那些少女表演的"飞天采茶"，再现了瑶族先民们千百年来采摘古树茶的生活场景。现场还有制茶品茶的环节，让大家都能尝尝这龙脊茶的鲜美。

位于屋后山坡上的下布古茶树茶园，细雨过后，空气中弥漫着泥土与嫩叶的清新香气。一棵棵古茶树枝繁叶茂，在雨水的滋润下更显生机盎然，翠绿的叶片上闪烁着柔和的光泽。在这如诗如画的茶园中，几名红瑶阿嫂背着背篓，灵巧地穿梭于茶树之间。她们的手指轻轻一掐，便摘下两片嫩绿的茶叶，宛如蝴蝶轻触花瓣。随后，迅速地将茶叶放入背篓中，动作流畅而利落，每一次采摘都显得那么自然而优雅。看阿嫂们采茶后，我自认为已掌握了采茶的要领，但真正实践起来，却显得笨拙迟钝，掐的茶叶不是过长就是过短。然而，参与本身就是快乐的，我们享受的是采摘的过程。当黄昏来临，我们满载而归。

当我们抵达合作社时，附近的村民正陆续将新采摘的茶叶背来过秤。潘志桃是个细心严谨的人，她在笔记本上详细地记录了每家茶叶的数量与品质。她向我们解释道:“这样的记录方式有助于追踪每户人家的茶叶来源，以及它们所制成的茶的风味和外观。”

在合作社的茶室，我们品尝到了当年潘志桃制作的头茶。她从柜中拿出最新制作的龙脊古树红茶，那茶叶还带着山间的清新。潘志桃细心地温杯、烫盏，从投壶、注水到嗅香、出汤，手法专业而娴熟。可以看出，她对茶性有着深刻的理解和尊重，水温、时长、顺序，一切都把控得刚刚好。

我们看着茶叶在水中慢慢舒展，如同舞者般轻盈旋转，释放出淡淡的茶香。那茶香仿佛有魔力一般，瞬间带走了尘世间的烦恼与喧嚣。茶汤色泽清亮，如同山间清泉般纯净无瑕，杯壁上还挂着金边，那是茶汤至纯、茶质至上的呈现。泡好茶之后，潘志桃礼貌地把茶杯递给我们，脸上洋溢着温暖的笑容。我们轻轻地啜了一口，顿感口感醇厚甘甜，唇齿间留着香味，仿佛把整个春天都喝进了嘴里。

采摘龙脊茶　韦吉阳 / 摄

那一刻，我们仿佛也感受到了山间的清新与宁静，感受到了潘志桃对茶文化的热爱与传承。

品茶之后，潘志桃带领我们参观了桂林龙胜云端农业开发专业合作社的制茶车间。这是一间约 1000 平方米的标准化生产厂房，注册了“溯云”商标品牌，并获得了国家 SC 认证。合作社是 2020 年 11 月，由潘志桃和她的妹妹牵头，与村民们一起成立的。他们专注于龙脊古树茶的种植以及产品的研究、开发、生产和销售，合作社里有龙脊当地传统制茶师傅 5 人，拥有百年以上古树茶原料基地约 100 亩。从 2022 年到 2023 年，合作社的产量和销售额都在稳步增长，同时也带动了更多的农户和生产面积。现主要产品有龙脊古树红茶、野生红茶、高山云雾绿茶等，产品销售覆盖全国各地。2023 年全年产量约 1.5 吨，销售额 170 多万元，带动农户约 60 户，带动生产面积约 350

亩。合作社还扩建了龙脊古树六堡茶生产车间。谈到未来的愿望，潘志桃的眼神里充满了坚定。她希望不忘初心，努力前行，打造龙脊茶行业全产业链平台，以茶兴业，以茶惠民，振兴乡村！

像潘志桃一样，致力于推广龙脊茶的还有很多人。比如龙脊茶厂的谢明枢，龙胜县龙脊十三寨茶业有限公司的秦春珍，这些致富带头能手，不断推动“龙脊茶”走出去，力促群众增收创收。据了解，龙胜全县有加工龙脊茶的厂家近 30 家，包括漓江茶厂、山水道茶厂、十三寨茶厂、龙脊茶厂、云端合作社、仁和茶厂等，年销龙脊茶约 50 吨。自这些茶厂建厂以来，当地茶青价格从原来的几元一斤，涨至如今的平均 16 元一斤。农户的茶叶收入也随之大幅增长，从之前的户均几百元提升至现在的户均 5000 多元，最高甚至可达 3 万多元。正是这些领头雁引领村民踏上了脱贫致富、奔向小康的金光大道，而那青翠的茶山，也化作了群众增收的金山。

如今漫步于龙脊的茶山之间，耳畔似乎响起了悠扬的山歌：

一里种茶九里香，
年年谷雨采茶忙。
四季绿茶藏云内，
香飘四季好时光。

服饰

▼这支瑶族支系对红色情有独钟，因妇女服饰尚红而得名——红瑶。

晒衣节　潘志祥／摄

对红色情有独钟的民族

红衣红伞红腰带，
黑裙黑发黑布鞋，
能歌善舞精纺绣，
如同七仙下凡来。

在龙胜各族自治县的红瑶村寨里，晨雾缭绕的山间小径上，红瑶女子身着盛装，踏着轻盈的步伐穿梭于翠竹与梯田之间，红衣，红伞，红腰带，黑发，黑裙，黑布鞋，蓝天，碧水，青葱田，就算集合世间画家的笔墨，也难以描绘出这天地间的绝美画卷。她们的服饰色彩斑斓，与周围的自然景观和谐地融为一体，仿佛是大自然赋予这片土地最生动的注解。

这首山歌，生动地描绘出红瑶女子的形象，唱出了红瑶服饰的艳丽多姿，也唱出了红瑶女子的心灵手巧。红瑶女子正是用自己这双灵巧的手，用自己的情感与智慧，一针一线，将花鸟虫兽，将日月星辰，将漫长的时光，将对爱情的憧憬、对生活的热爱和对美的追求，织缀在服饰上，穿绣起人生的悲欢离合，还有红瑶历史长河奔涌跌宕的苦难与坚韧。

这一件件倾注心血、巧手绣就的艺术珍品，凝聚了红瑶女子美好的情愫与期盼，是红瑶女子如绚丽的桃花般一生的执念。

2023年，我到大寨采访了红瑶瑶歌的记录收集者潘应成老人。在他家那栋古朴的木楼里，我们围炉而坐，相谈甚欢。潘老已是83岁高龄，他身着黑色外套，头戴黑帽，脸上总带着和蔼可亲的笑容，像火塘里这团燃烧的柴火，暖化着这个有点寒冷的冬天。作为红瑶瑶歌的执着收集者，他向我展示了自己多年来的珍藏。一摞摞瑶歌集，一页页密密麻麻的手写笔记，一首首涉及历史、传说、风俗的瑶歌，让我爱不释手，如痴如醉地沉溺其中，游走在这歌词的故事里。

瑶族没有自己的文字，他们世代传承的历史与文化，正是通过这些代代相传的瑶歌得以保存。潘应成向我讲述了红瑶的历史、习俗、劳动和爱情，这些故事都融进了瑶歌里。他还用红瑶话唱给我听，那激昂哀婉的歌声，满是这个民族的深邃文化。这不仅是歌声的传递，也是历史和民族记忆的延续。

特别是那首《潘氏公爷》歌，从潘老唇齿间用当地方言一字字一句句唱出来的时候，我屏息凝神，心中涌起波澜。我听着瑶歌，对照着潘老给我的歌词（根据当地方言意译而来），那故事像一卷古书一样缓缓地打开：

讲起破篾不离手拇，说话不离公祖，开天讲盘古，说话讲公爷，若没公爷讲盘古，说出盘古讲公爷。

盘古置天天高十万，木皇置地地宽十方，乌鸦置岭，猿猴置山，星子置大路，太伯仙人置江河，张良、

大寨的红瑶瑶歌记录收集者潘应成老人在讲述红瑶瑶歌的故事，他还用那古老的红瑶方言唱起了瑶歌
卢初龙／摄

张妹置凡人，置得三百六十四姓，姓姓落有处同。条名传九州。

潘家公祖没把哪图（哪里）出身，变把山东，青洲大巷出身，落在哪图，落在金鸡宝洞，楼衣江口……

这是一段关于红瑶迁徙的历史记忆，浸透着瑶族人民的血汗与泪水。瑶族，这个与山脉紧密相连的民族，仿佛天生就与山川河谷、茂密森林和层层梯田结下了不解之缘。清代顾炎武在《天下郡国利病书》中，生动地描绘了瑶族先祖“莫瑶蛮”的形象：莫傜（瑶）者，自荆南五溪而来，居岭海间，号曰“山民”。这简短几句，深刻勾勒出了瑶族人民的生活方式——居山、耕山，且随资源减少而迁徙不定。他们遵循着“刀耕火种，食尽一山，则移一山”的生存法则，不断地择土而耕，迁徙无定，当“土薄”无法再耕种时，便再次踏上迁徙之路，“今岁此山，明年又别岭矣”。瑶族祖先的这种游耕生活方式，需要不断寻找赖以为生的新土地，在翻山越岭的迁徙之路上，每到一处深山老林，都会披荆斩棘、开荒拓土，艰难地生存下来，他们与山川共呼吸，与河流同脉搏，他们的血脉里流淌着对大自然的敬畏与热爱。

龙胜红瑶，其族源丰富多彩，既有“山越”的血统，又深受“长沙、武陵、五溪蛮”文化的影响。据史书记载、苗族的迁徙之歌以及代代相传的口头传说，我们可以了解到，“山越”的古老栖息地主要位于今天的山东青州、江苏南京十宝殿以及浙江会稽山一带，而长沙、武陵、五溪蛮则发源于湖南的湘江、资江、沅江流域及洞庭湖地区。瑶族先民最初自称为尤人，这一称呼从古至今一直沿用。在现今的龙胜红瑶中，说平话的人自称“尤人”，而说山话的人则自称“尤挪”。

迁徙到龙胜各族自治县境内的瑶族人，保留着栽桑养蚕和织布绣花的传统。红瑶人家喜欢种植桑树、养蚕，这不仅为他们提供了丰富的生产原料，还让他们能够自制美丽的花衣、饰衫和织带。传说在过去，红瑶人居住在桑江沿岸，两岸桑树成荫，桑江也因此得名。然而，由于历史的变迁和各种原因，红瑶逐渐从沿河地带迁往海拔高达1916米的“福平包”以及龙脊山周边那些森林茂密的山谷和高山。他们在这些地方聚居，以垦荒种地为生，创立了自己的家业。他们也将桑树种到了半山和高山上，继续发展着养蚕业，传承着他们的传统技艺和生活方式。

这支瑶族支系对红色情有独钟，因妇女服饰尚红而得名——红瑶。

红瑶女子认为红色是兴旺快乐的象征。她们通常身着玫瑰红、大红为主色调的交领无扣短衫，用鲜红腰带束身，在阳光下格外耀眼亮丽，像一朵朵盛开在密林中的桃花。因此，红瑶被诗意地称为桃花林中的民族。

桃花一样绚丽的服饰

谷雨时节，我们参观了位于龙脊镇中六村下布组的桂林龙胜云端农业开发专业合作社。在茶室品尝到了龙脊镇的致富领路人潘志桃亲手制作的古树红茶。

我们从茶叶谈到了红瑶的传统服饰，潘志桃提到了家里珍藏的传家宝——她奶奶压箱底的一件嫁衣。这件嫁衣用料上乘，做工精细，是红瑶女子婚嫁服的制式，上衣无领对襟，几何纹织锦缝制，衣服上绣着精美的图案，飞禽走兽惟妙惟肖，一花一草情意绵绵：两只小鹿在嬉戏，两只蓝色的和两只紫色的小螃蟹，爬在稻田里。红瑶服饰的红衣上会绣上两个红色的正方形老虎爪印，据说这是红瑶的印记，而这件嫁衣上的老虎爪印与众不同，在正方形的四个角还分别绣上了八角花，八角花寓意着无际的天空和光芒四射的太阳，也象征着天圆地方，象征着财气，象征着坚强。这些来源于生活的艺术灵感，表达了红瑶人对自然的无上崇敬以及梯田文化的代代传承。与红衣配套的是下裙，下裙分上中下三截，制作过程烦琐复杂。上截纯青，

在龙脊地区，红瑶服饰的红衣上会绣上两个红色的正方形老虎爪印
卢初龙 / 摄

中截为蜡染，下摆用红绿相间的小块丝绸缝制，裙脚绲边。花裙裙头束带，裙后系细白布上用丝线绣出极细花纹图案的垂带，当地人称之为“东把”。红色腰带为盛装不可或缺的部分，两端的花须是腰带最出彩之处，用七彩丝线调色，手工编织而成。

“那个年代，绣花需要线，得自己养蚕，抽丝，然后去采摘各种植物来把线染成不同的颜色，有线了以后还要织布，再在布上绣图案……特别费工费时。做成一套这样的衣裙，整整需要耗时三年。一个家庭平均七八口人，就只有两三口人是有劳动能力的，养活一家人都不错了，哪里有空养蚕，所以基本是借着穿。奶奶的这件嫁衣在当时是一件宝贝，寨子中织不出像样嫁衣的少女，在她们人生的重要时刻，就借这件嫁衣来增添自己的光彩。”潘志桃说起奶奶这件嫁衣，禁不住感叹唏嘘，也有一份从心底涌出的自豪。

潘继凤在展示她的红瑶服饰
卢初龙／摄

后来我到黄洛瑶寨，在国家级非物质文化遗产代表性项目瑶族服饰代表性传承人潘继凤家里，看到了更多的红瑶服饰，也向她请教了有关红瑶服饰的知识。

潘继凤把大厅改装为小型的红瑶服饰陈列厅。一进大门，映入眼帘的便是那面熠熠生辉的荣誉墙。墙上展示着琳琅满目的证书和奖状，其中，国家级非物质文化遗产代表性项目瑶族服饰的代表性传承人的证书，尤为引人注目。它不仅是对一位匠人精湛技艺的认可，更是对其一生致力于传承与发扬瑶族服饰文化所付出的努力与汗水的最高赞誉。而“巧手之星”“百姓学习之星”等荣誉，是对她精湛技艺和创意设计的肯定，也是她不平凡的人生历程的见证。

进门右侧，3 台织布机并排放置在一起。潘继凤指着展示区里放着的 3 台织布机说，这分别是她奶奶、母亲和她自己使用的织布机。织布机旁，一个“7”字形的展台半包围着。台面上，琳琅满目的红瑶服饰成品与各式各样的红瑶刺绣工艺品交相辉映，色彩斑斓，绣品上的图案更是巧夺天工，细腻精美。两面墙壁被巧妙地改造成展橱，展

潘继凤家中的展示区里放着 3 台织布机，这分别是她奶奶、母亲和她自己使用的织布机　卢初龙 / 摄

示着几套不同年龄阶段穿的红瑶服装。整个陈列厅的布置充满了红瑶服饰文化的氛围。潘继凤说起红瑶服饰的时候，神采飞扬，仿佛那些斑斓的色彩与精致的图案就在她眼前跳跃。她向我详细地讲述着红瑶服饰的独特之处，从服饰的规制到染色的技艺，再到刺绣的图案与针法，这些深邃而广博的知识，为我开启了一扇窗，让我眼界大开。

红瑶服饰的构件包括头巾、上衣、坎肩、围裙及腰带等核心元素。其纹饰设计繁复且富有想象力。在色彩选择上，主要以玫瑰红与大红为主色调，呈现出鲜明且独特的视觉效果。未婚的年轻女性通常上身穿着以鲜红色丝线为主要材料、通过织机精心织就的"织衣"，而下半身则搭配花裙或黑裙。对于中年妇女而言，她们会选择穿着"花衣"搭配花裙或青布裙。"花衣"以青粗布为基础，结合了织与绣的技法，通过红、绿、紫等丝线在前胸和后背绣制出独特而精美的图案。而对于 60 岁以上的妇女，她们则倾向于穿着黑布上衣，仅在袖口或衣服边缘处点缀绣花，而下身则穿着青布裙。红瑶妇女的服饰在色彩选择上体现了对年龄的尊重与考量。随着年龄的增长，她们的服饰色彩从鲜明生动的红色逐渐过渡至更为内敛稳重的黑色，这种转变反映了她们个人成长的心路历程。

宋代学者周去非在其著作《岭外代答》卷三中提及，"山谷弥远，瑶人弥多，尽隶于义宁县桑江寨。瑶人椎髻临额"，"妇人上衫下裙，斑斓勃窣，惟其上衣斑纹极细，俗所尚也”。《粤西文载》卷十七中描述，“瑶……椎髻跣足，衣斑斓布褐”。这些历史记载与现今龙胜红瑶的服饰习俗基本相吻合，充分展现了红瑶服饰的构件和制式从古至今的延续性和一致性。

先说说头巾。

红瑶的头巾很特别，在红瑶服饰中占有一席之地。它一律为方形，边长有一尺四（约 46.67 厘米）和一尺六（约 53.33 厘米）两种尺寸。颜色以黑色与深青色为主，庄重而典雅，与长发相衬相配。头巾的四个角和正中央，都绣着一个别具一格的八角花或是小巧的菱形图案，为单调深沉的头巾增添了几分精致与韵味。

八角花是瑶族服饰中一种独特的装饰图案，其刺绣色彩丰富，通常以红色为主色调，搭配其他鲜艳的颜色，如绿色、黄色等，形成鲜明的对比效果，使得绣品更加生动和富有活力。八角花的刺绣图案多样，包括几何纹、动物纹、植物纹和山河纹等，八角花图案的独特形状，寓意着吉祥、美好和团结。在瑶族的传统文化中，八角花还被视为一种能够驱邪避凶的符号。红瑶服饰上的八角花除了绣在头巾四角，还被绣在衣服的前胸、背部、袖口等位置。那方形的外边框，跟瑶王印很接近，也有人认为头巾上绣的方形小图案是瑶王印。方形里面的线条纹路不一，根据每个绣花女喜好来自由发挥，没有统一标准。

头巾是用来包头发的。红瑶女子拥有一头乌黑的长发，其发饰更是别具一格，成为她们身份的独特象征。对于未成年的少女而言，她们或将长发编成辫子，轻轻垂于肩侧，或将秀发任由其自由垂落，不加任何束缚。这样的发型，无需繁复的装饰，便展现出一种纯真无瑕、自然生长的年少风采，仿佛是大自然赋予她们最质朴、最动人的美丽。而当她们成年却尚未婚嫁之时，便会将长发精心编织成盘螺蛳髻，一圈又一圈地巧妙绾绕于后脑之上，交错盘桓间展现出无尽的韵味与雅致。随后，她们会用方形的头巾将这一精心打造的发型紧紧包裹起来，就连菱角般的发髻边缘也不轻易向外人展露。因此，红瑶女子的这一发型平日里外人极难窥见其真容，更增添了几分神秘与尊贵的气息。

已婚已育的妇女则梳盘龙髻，也称“乌龙盘发”，将长发交替盘绕，然后在额前扭出一个圆形的发髻，再用头巾包起。尚未生育的妇女会用头巾将头发全部包住，并在额前露出带有八角花或者方形图案的一角。育有儿女的就不再包住发髻，可以骄傲地显示自己是做了母亲的人，并会极力把头发盘得丰硕美观。

接下来说说红瑶服饰的上衣。

上衣有饰衣（又称织衣、锦衣）、花衣（又称绣衣）、便衣和夹衣（又称双衣）四种。饰衣和花衣都以红色为主，俗称红衣，主要在春或秋冬时节穿。平时在节庆、婚嫁等庆典场合，红瑶女子会选择穿红衣，这是她们最珍视的服饰之一。

饰衣，以白色棉线为经线，五彩丝线为纬线，由木质织锦机挑织成布。随后进行缝制，采用圆领、对襟、无扣的设计，最终制成长度稍过脐下的红衣。饰衣的上半部分挑织有菱形大花，双嘴鸟、蝙蝠等动物；衣身的下半部分和袖子的下端则饰有颜色相间的横条形花纹，上有梅花、螃蟹等图案。饰衣颜色以大红色或玫红色为主，配以黑、白、黄、绿等色。两个袖子下方各自缝接了一块黑布，长30厘米、宽13厘米。在袖口、前襟处滚上蓝色或白色花边，衣尾处点缀了三行闪亮的锡制小梅花。胸前左右、肩上及背部的几个两寸见方的图案最为显眼，这几个正方形图案有人说是赫赫有名的“瑶王印”，是红瑶服饰独有的装饰。有了“瑶王印”，象征着可以得到“瑶王”护佑，安居乐业。穿上织有“瑶王印”的饰衣，无论走到哪里，红瑶人之间都会以这份独特的服饰为媒介，传递着深深的情谊与认同。

关于红瑶服饰上的“瑶王印”说法不一，从相关资料和当地红瑶人的口述中得知，主要有三种说法：一种说法是头巾上绣着的方形图案，一种说法是饰衣上挑织出来的白线方形图案，另外一种说法是花衣背上绣着的两个精致华丽的老虎爪印。这些说法都有道理，没有统一的定论。但关于瑶王印的传说却是一致的：很久以前，瑶王按照瑶家的传统习惯，出榜为宝贝女儿招得了一位英俊潇洒的女婿。一年后，小外孙的降生让瑶王满心欢喜。为了逗乐这个小宝贝，瑶王甚至将藏有瑶家大印的珍贵木匣递给他玩耍。谁知这女婿竟是觊觎瑶家山寨的莫家土司之子，他趁机盗走了王印，并立即带领莫家土司兵向瑶王发起攻击。瑶王失去王印后，无法迅速召集各寨瑶兵，最终战败。从此以后，红瑶妇女们为了铭记夺印之恨，直接在自己的红衣上织上瑶王的大印，让瑶王印深深刻印在每个红瑶人的心中，不忘记红瑶的惨痛教训。

花衣是红瑶服饰珍品中的珍品，其样式同饰衣一样，都为圆领、对襟、无扣。所不同的是衣服上的图案花纹不是织出来的，而是刺绣出来的。花衣通常以藏青色棉布作底，以红丝线为主，配以绿、黄、白、紫等色丝线在前胸和后背挑绣出繁多而别致的花纹及动植物图案。红瑶女子从十二三岁起便开始学习针线活，在制作花衣时，她们会根据布的经纬线条，凭借刺绣经验和丰富的想象力，数布眼，在衣身的前胸片和后背片上一针一线地挑绣出图纹，图纹前后可相接形成一个方形，在袖子处缝上机织的花布。花衣上绣有春牛、龙凤、狮子、麒麟、鹿、犬等动物图案，还绣有寓意风调雨顺、五谷丰登的山川河流、花木稻菽，体现了红瑶人对大自然的描绘，其形象生动，针绣精致。这些简洁的几何图案，一般成双、对称，布局十分协调，混色搭配得当，色彩鲜艳，形象生动。在后背正中，还会绣有一对平行的“老虎爪”。衣身上面也有很多的图案，现在的年轻红瑶女子还会绣上自己喜欢的图案，进行创新，但不会被修改的是后下腰上的两个图案——“虎爪印”。这两个“虎爪印”方框内部有一个“X”形图案，空余的部分填绣一些其他颜色。关于虎爪印的由来，说法大同小异。相传很久以前，皇帝上山打猎，骏马跑得太快，皇帝跌落深山密林，遇到一只猛虎，皇帝搭箭射虎不中。生死关头，一位路过的瑶姑将虎射倒，皇帝得以脱险。皇帝为了感谢救命恩人，又因身上未带信物，于是将老虎爪按在姑娘的衣服上，留下一对爪印，承诺将来衣服上有老虎爪印的人见君王可免于下跪。于是红瑶女子便在花衣背部绣上一对老虎爪印，从此不再向朝廷交税，老虎爪图案便世代传续了下来。这些生动的传说，是构建红瑶人民族认同的重要依据。红瑶先祖从北到南一路迁徙，其间不免被打散，而服饰中的这些代代相传的纹样，则是存储族群记忆、构建族群认同的重要载体。

便衣比较单薄，适合春夏时节穿，大多为青黑色，也有蓝布、红布和白布，无领对襟。便衣装饰很少，简洁素雅。青黑色较耐脏，适合在春夏农忙时节下田劳作时穿，因此又属劳动服。便衣由单层青布制成，妇女们会在衣领上用红、绿、白、蓝、黑五色绣七个“寿”字，衣襟上也会钉有九个假纽扣作为装饰，纽扣由丝线织成，中青年的假纽扣颜色较老年妇女的鲜艳，多为玫红色。

夹衣，是老人的秋冬服装，没有纽扣。夹衣主要是较年长的妇女穿的便装，通常为黑色的粗棉布制成，胸前对襟上装饰有红色的长方条。

再说说裙子和其他配饰。

红瑶女性的裙子有青裙与花裙之分。青裙由青布或黑布制成，平常劳作时穿，也是老年妇女的日常着装。花裙是红瑶人的又一珍贵服装，工艺复杂。花裙按花纹和颜色分为三截，上截为纯青色；中间一层为白、青蜡绘靛染镂花花纹，由蜡染制成；下摆为伞式百褶裙，用红绿相间的12小块丝绸缝制，花纹或绣或蜡染而成，青黑底中点缀绿色，图案相映成趣，透出既古朴又现代的气息。裙子长度及膝，裙身捻成褶皱状，褶皱上细下粗，下半截裙褶多达120个，上半截裙子褶皱更多，是下面裙褶的两倍，细密工整。这样既美观，穿着时又具有伸缩性，方便劳作和行走，具有审美和实用价值。花裙制作工序烦琐，红瑶妇女只在节庆或走亲访友时才会穿，穿着时一般会在花裙前面配以青黑色围裙。

红瑶服饰没有扣子，穿时左右包肚，再用腰带束紧，因此腰带是红瑶女服中不可或缺的一部分。腰带穿戴时在腰后打花结，垂于臀部两边。尾端花须有层次垂摆，俗称“犬尾饰”，既是装饰，也是纪念祖先的一种符号。红瑶腰带是有来历的：传说远古时候，因狗王盘瓠立下战功，皇帝的三公主便与狗王盘瓠婚配生养出称为“盘瑶”的子孙后代。后来狗王外出被杀身亡，三公主只得改嫁，又生下了“红瑶”子孙。所以，红瑶与盘瑶是同母异父的兄弟关系，为了纪念共同的祖先，盘瑶祭头，红瑶祭尾，便挂“犬尾饰”以祭先祖。

红瑶服饰的腰带分为内外两条。内腰带，选用纯净的白色或深邃的蓝色棉布制成，其功用在于紧紧贴合上衣，勾勒出曼妙的身姿。而外腰带则巧妙地与围裙搭配，缠绕间不仅稳固了围裙的位置，更添了几分层次感与流动的美感，使得整体服饰更显雅致与灵动。青年女子的外腰带，以鲜艳的红色为主调，其长度依据穿着者的身形而巧妙设计，通常长达 3 米，宽 6.67—10 厘米。腰带上的纹路采用直粗线条织就，纹样的设计更是丰富多彩，每一款都别具一格，细致入微。这些纹样之中，还巧妙地融入了多种格花，每一种格花都与主纹样相得益彰，相互映衬，同时还巧妙地运用了绿、白等丝线进行调色，使得整个腰带在红色的基底上，更添了几分清新与雅致，色彩搭配既多样又和谐。腰带两端编结蜂窝眼。排纱、花须是腰带最出彩之处，用七彩丝线手工编织而成，长约 40 厘米，在穿着时，腰带上的七彩线错落有致，扎在腰间极富装饰效果。老年妇女系绿色或黑色外腰带，腰带两端装饰有丝线流苏。缠上腰带的红瑶女子行走时，七彩丝线随着裙幅飘动，显得洒脱飘逸，千姿百态，更添几分优雅与从容。

传统红瑶女服的绑腿是自织自染的棉布裁剪成的三角形布块，两端连接有绑绳，而现在的绑腿多属于二次加工成品，面料多数是购买市场上的黑布，依照传统裁剪成三角形状，压边后缝上两条白色绑带而成。到天冷的时候，这些缠绕于小腿之上的“脚绑”，不仅成为红瑶女子独特的装饰，更是一道实用的御寒屏障。

穿戴整齐后，红瑶女子会精心挑选银饰来搭配服装。她们佩戴银饰，如耳环、手镯之类。特别是新娘子，手上戴着银戒指、银手镯，耳朵坠着银耳环，胸前用红线挂银牌，穿上红衣，这就是瑶族新娘的标配。其中佩戴纯银的圆圈耳环是红瑶的传统。女孩们在七八岁时扎耳洞，到了十多岁的时候就开始戴耳环。开始的时候戴比较细小的耳环，随着年龄的增长，耳环也逐渐变大变重，直到结婚时戴上那种红瑶妇女普遍佩戴的银耳环，此后一般不会摘下。耳环的重力使得耳垂产生了严重的变形，现在走在红瑶的寨子里，随处可见戴了一辈子银耳环的阿婆，个个耳洞都拉得很长。据说戴银耳环可以明目，难怪这些红瑶阿婆这么大年纪还能挑花刺绣。

红瑶男子的服饰则相对简单一些，但同样充满了民族特色。中青年穿白色立领对襟排扣便衣，老人则穿青黑色便衣，裤子也由大裤脚逐渐改为直筒裤，并以腰带束之，给人一种粗犷而豪放的感觉。红瑶男子在 1933 年之前是留有长发的，他们喜欢头戴斗笠或包巾，除夏季外，其余季节都包头巾。青壮年头巾颜色是白色，老年人则是青布巾。解放后，在民族文化融合的过程中，男子的服饰变化很大，年轻人更倾向于穿着市面上流行的大众服饰。

谜一样的制作工艺

红瑶人自古居住在偏远的高寒山区，生活条件艰苦，与世隔绝。他们垦山造田解决吃的问题，他们伐木筑楼解决住的问题，他们栽桑种棉解决穿的问题。他们男耕女织，繁衍生息，没有文字，靠口口相授，手手相传，用一针一线织下红瑶对美的追求、对生活的热爱和对大自然的敬畏之情，把红瑶的文化符号织在了一件件红衣上。

红瑶服饰从挑选材料到精心制作，每一个步骤都凝聚了红瑶人世代相传的智慧与匠心。总体而言，制作一套红瑶传统服饰，涉及制丝、挑织、刺绣、编织、染布和蜡染等方面的工艺。这些服饰的制作过程极为考究，工序繁复。

过去的红瑶祖先擅长养蚕、选种。蚕吐丝完后即成蛹，把选好的蚕蛹放在内垫纸的竹篮里，保持适当温度，10 多天后，生出蚕蛾交配产卵，用纸包好。春来气温回升，把蚕卵放火炕上加温，三四天后，孵出幼虫，移到内垫纸的竹篮中，先喂磨细米粉，后喂干爽切细的桑叶，再喂粗叶，等到长成大蚕，吐丝作茧。接下来就可以制丝了。先用锅烧水，取铜钱作引丝口，挂于锅的上方，水开，把蚕茧放入锅煮一下。用筷子搅动，引出丝头穿过钱孔，用手抽丝放入簸箕。将丝搅成拇指大的若干绞，入碱漂白洗净成白色丝，即可按需要染成各色丝线成品。

此外，还需制作棉线和麻线。棉线的制作过程包括将晒干的棉花去籽，搓成棉条，再通过纺纱机拉制成线，并卷成线球。至于麻线，则需将青麻浸泡三至四天，取出后用竹刀刮去外皮，得到白麻，晒干后撕成细条，搓成球状，最后用纺纱机拉制成麻线。蚕丝、棉线和麻线作为半成品，还需进一步加工加粗才能使用。例如，织制装饰物时，需将三根丝线或纱线合并以达到所需的粗度，而用于挑花刺绣时，则需合并五到七根丝线或纱线。加粗有两种方法：一种是将几根细线的一端固定在纺车的滚筒上，一手提着另一端，一手摇动纺车合成线，根据需要调整绞合的长度；另一种方法是手工绞合，将几根线的一端系在栏杆上，另一端用手拉直，搓成粗线。

养蚕、制丝、种植麻和棉花以及制作线，构成了这一系列工艺的起始阶段。在现代工业化时代，可以直接购买成品线，节省时间和成本，因此这些原始工艺已逐渐淡出人们的视线。

制好线，就可以织布挑花了。

如今，在龙脊地区红瑶的大型节庆活动现场，最引人注目的非遗展示莫过于织布工艺。数十台乃至上百台织布

龙胜各族自治县龙脊镇大寨村瑶族妇女在展示传统服饰制作工艺　潘志祥 / 摄

机以一个点为中心，呈圆形层层排列。红瑶的妇女们坐在织布机前，将束腰的襻带固定于腰后，保持身体稳定。她们拉紧经线，然后取出一条细长、打磨得光滑发亮的竹片，根据不同的图案，巧妙地挑起不同数量的白色经线。接着，她们将梭子穿过经线，引入有色的纬线。在左右穿梭的过

程中，使用一端弯曲如弓的工具向下压紧纬线，绚丽的纹样便逐渐显现。

红瑶服饰的饰衣用白色棉线为经线，主要以红色兼其他有色线为纬线，纬线贯于梭，梭数与纬线色数相同，即纬线有几种颜色便有几支梭。织出来的布料，以大红为主调，浅红、绿、紫、黄各色相间搭配之，形成各种大小的几何图案，使整件衣服都呈现出鲜艳夺目的色彩。因考虑到实用性，挑织均使用棉线、毛线，耐洗结实，只有在制作嫁衣等特殊盛装的时候，才会用到精细的蚕丝线。

红瑶饰衣和花衣都有许多图案，不同的是饰衣的图案是织布时挑花挑出来的，采用的是挑花工艺，一次成型，而花衣上的图案是绣花绣出来的，采用的是刺绣工艺，属于二次加工。

饰衣上的花纹工艺非常细致。红瑶妇女挑花技艺高超，绣制的图案细致入微，选题广泛，极富创意。这一技艺与普通刺绣、机绣相比，独树一帜，在工艺制作上别出心裁。既不依赖图纸勾勒，也无须模具辅助，仅凭敏锐的双眼和灵巧的双手，在底布之上顺着纱线的经纬交错，巧妙地确定图案位置，用各色线挑绣出五彩斑斓的图案。在挑绣中整幅图案面线、垂直线与平行线分别采用 45 度、90 度或 180 度的进针角度，不用弧线。花纹的部位安排一般是按线路布眼从衣领往外推算，按每块纹样应占的位置宽度，用白线缝上记号，分行布阵，逐一定位。随后依照事先安排的位置，以绿线细致勾勒图案轮廓，再用各色丝线逐一填充，将每幅图案填满。每挑织一行花纹，就穿入一条横条纬线，然后用排梳按压，再用布刀打紧。一个熟练的织衣妇女无须参照样本，仅凭记忆和构思，就能织出各种复杂的花纹图案。织物的特点是经线多为露底，纬线多为露面，根据花纹的需要，有少量经纬线交叉隐藏，使得图像更加鲜明、清晰和美观。这些花纹形状，粗看是由几种线条结构形成的三角形、方形、菱形、齿形、草木形，细细揣摩却别有玄机，这些几何图形变成了人物、动物、植物等形象。内容分为两类：有龙、凤、狮、虎、鹿、麒麟、山羊、鱼、雁、鸳鸯等飞禽走兽，有竹、梅、荷、水仙、芙蓉、牡丹、杜鹃等草木花卉。这些图案在一件衣服中可多达 18 至 20 幅，排列有序，琳琅满目，远观一片鲜红，近看则色彩斑斓。织成的衣料经过加工后，可以缝制成圆领对襟无扣的衣物，衣领镶有花边，衣脚缀有一排锡制的小梅花，细节尽显妩媚。

而花衣上的花纹是刺绣而成的。花衣上的图案比饰衣上的更多，超过 30 种，这些图案也包括几何图形、动植物、山川河流等，种类繁多，形态各异。瑶族姑娘自幼年起，便开始学习刺绣技艺。到了她们出嫁的年龄时，她们在针法、绣法以及图案搭配方面已经达到了极高的造诣。姑娘们会用情郎赠送的定情之物——丝线，倾注情感地绣制嫁衣上的每一个图案，一针一线都蕴含着她们的辛勤与情感，以及爱情的甜蜜与纯洁。

红瑶刺绣最显著的特点是其独特的反面绣技法。与其他瑶族刺绣不同，红瑶反面绣是从布料的背面开始下针，而在正面呈现纹样。这种技法不仅要求绣者精通各种针法和绣法，还必须对布料的经线和纬线有深入的了解。她们巧妙地利用布料的经纬线，采用十字绣法来挑出图案，这一过程形象地被称为“数布眼”或“挑花”。这种技法不仅考验了绣者的技艺，更展现了她们对美的追求和创造力。红瑶妇女对刺绣的热爱与执着令人敬佩。她们无论农忙还是农闲，都手不离针线，充分利用一切空闲时间进行刺绣。上山劳动时，她们会带上绣花的材料，休息时便立即投入刺绣之中；平时在家或外出走亲戚时，也会随身携带绣花工具，见缝插针地进行刺绣。特别是在正月期间，她们更是三五成群地聚在一起，晴天

红瑶妇女织布忙　卢初龙 / 摄

在屋外、雨天在火塘边一边闲话一边绣花。在绣花的过程中，她们谈笑风生、互相交流心得与体会，享受着刺绣带来的乐趣与满足。

红瑶服饰最初并不是以红色为主。宋周去非的《岭外代答》卷六瑶斑布提道："瑶人以蓝染布为斑，其纹极细……"红瑶家家户户都种蓝靛，做染缸，自染青布花裙。宋代红瑶服饰仍然是"瑶斑布"。直到明末清初，织锦工艺的繁盛使得瑶族服饰更加精美，红色大约在这一时期逐渐在服饰中流行甚至占据重要地位。到清代，瑶族服饰的样式和形制逐渐丰富并稳定下来，这时红色很可能已经成为红瑶服饰中的主色调之一。

红瑶的染布技艺源远流长，主要依赖于种植蓝靛草进行蓝靛染布。染料的制作以蓝靛草为原料，将收割的蓝靛草浸泡于水中三天，以提取蓝色素。当水的颜色由浅蓝转为深蓝时，取出蓝靛草的叶子，加入适量的石灰，用木棍搅拌，确保水和石灰充分反应。之后，让混合物静置两天，桶底沉淀的物质即为所需的靛蓝染料。将表层水分沥干后，将染料存放在阴凉处备用。将木草烧成灰，用温水过滤后，将滤出的灰水倒入染桶中，再加入适量的靛蓝，制成染料水，用于染布。选用质地较粗厚的白色棉布，清晨将布料浸入染桶中，傍晚取出，如此反复操作，持续一个月，直至布料呈现出深蓝色或黑色。染好的布料需在水中清洗，以去除残留的靛料和杂质，然后在砂石滩上自然晾干。红瑶妇女的花衣、黑衣和下裙正是使用这种染制工艺制作的布料，其色泽高雅，色牢度佳，防霉且透气，手感厚实，并带有植物的清香。

红瑶的染布技艺中，蜡染工艺尤为突出，它是制作花裙的核心技艺，有着悠久的历史。周去非在其著作《岭外代答》卷六中记载，瑶人以蓝染布为斑，“其法以木板二片，镂成细花，用以夹布，而镕蜡灌于镂中，而后乃释板取布，投诸蓝中。布既受蓝，则煮布以去其蜡，故能受成极细斑花，炳然可观，故夫染斑之法，莫瑶人若也”。这一记载是关于红瑶古代染色工艺的珍贵资料。它表明，红瑶人民在宋代就已经能熟练地运用蓝靛蜡染技术制作花布。

花裙的设计分为上、中、下三部分，每部分采用不同的色彩，层次清晰分明。上截为纯青色，长约 20 厘米，沉稳庄重。中截则是蜡染的黑白花色，长约 13.33 厘米，图案繁复精美，常见龙、凤、鱼、虾、蝴蝶、八角花等自然元素，这些图案通过特制的竹片笔蘸取枫树浆混合制成的蜡，在白布上精细点绘而成，既保留了白色的纯净，又赋予了图案生动的轮廓。下截是将红绿丝绸裁剪成长约 13.33 厘米的小块，红绿相间连接成长条，叠缝在下截裙的青布面上，色彩鲜艳的丝绸布，与上中两截形成鲜明对比，整体裙长约为 46.67 厘米。制作花裙的过程复杂而精细，首先便是蜡染环节。红瑶妇女以纯棉白布为底，利用枫树浆为主要原料，辅以其他成分制成蜡液。在点绘前，需用特制竹片笔蘸取沸蜡，在白布上细细勾勒出预定的图案。这一过程不仅考验着匠人的耐心与技巧，更蕴含着对美的追求与理解。随后，将点好蜡的布匹晾干，投入蓝靛染缸中浸染，待布匹充分吸收蓝色后取出，洗净晾干。最关键的一步在于去蜡，通过碱水浸泡，使蜡质脱落，从而显现出蓝底白花的美丽图案，这便是制作花裙所需的斑花布。接下来，将上截青布接入斑花布上方，整块裙布浸湿后捻成细褶，以增加裙子的层次感和立体感。再将下截红绿相间的丝绸布接续好。最后，将挑织好的花裙带叠缝在中截与下截的连接处，缝上裙脚带和裙头布，一条精致的花裙便制作完成了。

岁月流转，谜一样的红瑶服饰工艺在时代的变迁中依然熠熠生辉。它凝聚着红瑶人的智慧与汗水，也见证了红瑶文化的继承与革新。得益于这一工艺，更多人得以欣赏到红瑶服饰的独特魅力与风采。

让非遗在针尖上传承

红瑶人对美的追求，是融入血液里、刻在骨子里的。

在龙胜各族自治县红瑶地区，流传着这样一首歌谣："七岁八岁弄泥巴，九岁十岁学绣花，十七十八抱娃娃。"它生动地勾勒出过去红瑶女性一生的成长历程，以及她们和红瑶服饰的不解之缘。

在新时代，红瑶服饰也顺应现实潮流，不断创新发展，它们吸收了龙胜各族自治县其他兄弟民族的服饰元素，更加富有民族气息，更加丰富多彩，更加体现时代特征。2014年，龙胜的瑶族服饰入选国家级非物质文化遗产代表性项目名录扩展项目名录，这是对红瑶服饰传承所取得的成就的最高赞誉与肯定。

在红瑶服饰的传承中，源于对红衣的深深眷恋与坚定信仰，这份珍贵的文化遗产被红瑶女子们世代接续，流淌在她们的血脉之中。每一位红瑶女子，皆是红瑶服饰的活态传承者与坚定捍卫者，她们身上的红衣闪耀着对传统的尊重与热爱。而在这些优秀的传承者中，更不乏令人心生

龙脊镇大寨村的瑶族妇女在展示传统服饰制作工艺
潘志祥／摄

敬仰的佼佼者，她们以非凡的才华与不懈的努力，让红瑶服饰的光芒更加璀璨夺目。

在 1992 年版的《龙胜县志》人物传略篇章中，红瑶女子侯猊妹因其在红瑶服饰传承与发扬方面的突出贡献，被载入县志。直至今日，提及红瑶服饰，人们仍然对她的事迹赞不绝口。

清光绪二十年（1894 年），在龙胜各族自治县马堤乡三百冲这片古老而神秘的土地上，诞生了一位传奇的红瑶女子——侯猊妹。她的生命宛如山间清泉，尽管历经坎坷，却始终清澈不息，滋养了一代又一代瑶家人的心田。

侯猊妹自幼年起，便在母亲的悉心教导下，开始学习挑花、织带，醉心于红瑶服饰传统手工艺的世界里。她性格温婉，心灵手巧，加之能歌善唱，聪明伶俐，在乡间被誉为“小画眉”。

结婚后，她除了处理家务琐事，还投入到本民族的传统工艺，如养蚕、抽丝、制丝、纺线、织布、蜡染、挑花等。她精心编织饰衫、锦带，设计出各种精美的花样和图案。在这些瑶族传统工艺的领域里，侯猊妹凭着自身的天赋和不懈的努力，逐渐成为一名技艺精湛的手工艺人。几十年的实践经验积累，使她尤其擅长挑花工艺。她无须在布上绘制图案或使用摹本，而是凭借记忆和想象力，在布纹上按照经纬线进行构思，这种技艺俗称“数布眼”。她将纹布翻转，从背面数布眼，然后用各色丝线巧妙地填充色彩。她所创作的花纹多为几何图案，间或描绘禽兽、花草、云朵、山水、栏杆等元素，形象生动逼真，色彩柔和而丰富，呈现出斑斓多姿、栩栩如生的艺术效果，令人叹为观止。

然而，命运多舛。1933 年，瑶胞起义的失败给侯猊妹一家带来了灭顶之灾，家人被国民党杀害，财产被没收，家道中落，留下孤儿寡母，面对重重困难。侯猊妹勇敢地挑起了家庭的重担，白天开山种地，挖蕨充饥，为了填补家庭收入的不足，她在夜晚抽出时间赶制服装。随着孩子的长大，她能够将更多精力投入到红瑶服饰图案的设计与制作中。她精心编织的丝带深受瑶族女性的喜爱，不仅吸引了周边瑶村的妇女前来定制和学习，连远在水银、孟山、百面、金坑、潘内的红瑶妇女也慕名而来求教和定制。侯猊妹于 1987 年去世，她的精湛技艺在瑶寨广为流传，赢得了盛誉，她的徒弟遍布各个瑶寨。

侯猊妹的一生是对红瑶文化传承与创新的生动诠释。她不仅是一位技艺精湛的手工艺人，更是一位文化传播者。她用双手和智慧编织出瑶家女儿对生活的热爱与向往，为我们留下了一段段关于美、坚韧和传承的动人故事。

在今天的龙脊镇黄洛瑶寨，瑶族服饰的国家级代表性传承人潘继凤也像前辈侯猊妹一样，学以致用，不断致力于推广和发扬红瑶服饰文化。

潘继凤的童年，是在奶奶和妈妈忙碌的身影中度过的。每当太阳落下西山，在昏黄的油灯下，两位长辈便开始了她们的针线活，一针一线，绣制出生活的色彩。年幼的潘继凤总是静静地坐在一旁，目不转睛地看着，那些红色的布料在她们手中仿佛被赋予了生命，散发出一股神奇的力量。这份对美的向往与追求，悄然在小继凤心中生根发芽。

9 岁那年，潘继凤正式踏上了学习红瑶服饰制作技艺之路。从最初的拿针引线，到后来的刺绣、蜡染、编织，每一项技艺她都学得格外认真。每当夜深人静之时，她便借着微弱的灯光，反复练习。12 岁时，她已能熟练地绣出精美的图案，那份对刺绣的热爱与执着，让她在同龄人中脱颖而出。随着时间的推移，潘继凤的技艺越发精湛。17 岁那年，她独立完成了自己的第一套红瑶服饰。这套服饰不仅色彩鲜艳、图案精美，更蕴含着她对红瑶文化的深刻理解与热爱。当她将这套服饰展示给家人时，收获了满满的赞誉与鼓励。那一刻，她更加坚定了要将这门技艺传承下去的决心。

几十年如一日，潘继凤从未放弃对红瑶服饰制作技艺的探索与创新。她不仅精通传统的刺绣、蜡染和编织工艺，还勇于将现代审美融入其中，使红瑶服饰焕发出新的活力。如今，潘继凤已是一位受人尊敬的非遗传承人。她的执着激励着无数年轻人投身到传统文化的保护与传承中。在她的心中，红瑶服饰不仅仅是一种服饰，更是一种文化的传承与精神的寄托。

然而，当今生活的节奏迅速加快，在现代化浪潮的冲击下，红瑶服饰的传承面临着巨大的挑战。许多年轻人更愿意走出大山，追求现代化的生活，红瑶服饰制作技艺的传承面临着后继无人的困境。服饰市场的蓬勃兴旺，让机械化的快速生产成为主导潮流，而昔日红瑶服饰的一针一线、细致入微的匠心制作，正悄然在年轻群体中褪色，逐渐淡出他们的视野。

“唉，能够熟练掌握红瑶服饰全套制作技艺的人真是越来越少了，这手艺要是失传了，那该多可惜啊！”为了能让更多人了解红瑶服饰、关注红瑶服饰，让这份制作手艺能够代代传承下去，潘继凤把她家的楼房一楼改造成新时代文明实践国家非物质文化遗产展示区，展示了不同年龄段红瑶女性的红衣，还展示了各种红瑶绣品。这些一针一线绣出来的精美花纹吸引了很多游客，有的游客会买上一两件带回家。

潘继凤特意将家族三代使用过的织布机置于展示区中央，它们不仅是时间的见证者，更是红瑶文化传承的实物教材。潘继凤时常在这些古老的织布机上演示挑织技艺，向远道而来的客人耐心讲解。闲暇之余，她还亲自织布，既遵循传统，又不断探索创新。她将自己对传统文化的热爱传递给两个机灵的孙女，这对双胞胎孙女成了她的小助手，从小耳濡目染，对刺绣和红瑶服饰充满了浓厚的兴趣。姐妹俩不仅学会了简单的绣花针法，平时放假在家也会穿红瑶服饰。寨子里举办红瑶服装秀，两姐妹也会自告奋勇，成为祖母的小小模特儿，穿着红瑶衣服，有模有样地走秀，成为人人称羡的“非遗小使者”。这份流淌在血脉中的传承，让红瑶服饰文化在家族教育的滋养下，代代相承。

红瑶服饰文化的繁荣与发展离不开年轻一代的参与。作为瑶族服饰的国家级代表性传承人，潘继凤深知其重要性，并主动承担起传承与教育的责任。她欣然接受了龙脊镇小学的邀请，成为校外辅导员，定期为孩子们讲解生动的红瑶服饰文化。课堂上，潘继凤讲述服饰背后的历史故事与制作工艺，还通过实物、图片和视频、体验穿戴本土红瑶服饰等多元化方式，让孩子们直观感受红瑶服饰的独特魅力。在实践环节中亲自示范，将复杂的刺绣技艺拆解成简单易懂的步骤，引导孩子们亲手制作红瑶服饰配件。她从最基本的穿针引线开始，耐心指导孩子们，纠正握针姿势，调整线头方向，让孩子们在实践中找到乐趣，感受传统文化的魅力，渐渐地喜欢上这门刺绣课。看着孩子们认真投入的模样，潘继凤心中充满了欣慰与希望。在她心中，红瑶服饰不仅是民族文化的瑰宝，更是世代传承的艺术。当一幅幅刺绣作品在孩子们手中逐渐成形，那份成就感与喜悦之情更是溢于言表。她希望通过自己的努力，能够让这些孩子感受到这份美丽与独特，让红瑶刺绣技艺在他们手中焕发新生。

政府和社会各界的鼎力支持为红瑶服饰的传承提供了坚实的后盾。通过建立民族服饰传习基地，开展专业的刺绣、蜡染和纺织培训，培养了新一代的传承人；将非物质文化遗产带入校园，传授相关技艺，让当地的孩子们从小就接受传统文化的熏陶；深入挖掘其文化内涵，并建立红瑶服饰博物馆以推动文化的活态传承；随着旅游业的蓬勃发展，

潘继凤自绣的教具　卢初龙 / 摄

打造红瑶服饰体验馆和手工艺品销售点，让游客在亲身体验中领略那份独特的韵味；通过“长发节”“晒衣节”等节庆活动中的展演、比赛与交流，让红瑶服饰在舞台上熠熠生辉，吸引更多人的关注。此外，开展国际交流，组织红瑶服饰传承人参与国内外的文化交流活动，展示了红瑶服饰的独特魅力，加强了国际文化交流与合作。每一步举措都彰显了当地对红瑶服饰这一宝贵文化遗产的重视与保护。

在龙胜各族自治县政府精心培育的保护非物质文化遗产的沃土上，潘继凤如鱼得水，传承之路越走越宽广。她响应政府号召，将红瑶服饰工艺培训班带到了县城，吸引了众多慕名而来的学员，其中不乏远道而来的外地朋友，他们专程来向她学习蜡染和瑶绣等传统工艺的精髓。除了在县城的培训班和学校授课，潘继凤还经常在寨子里指导附近村庄的女孩们学习传统的瑶绣技艺。潘继凤还积极参与各类民俗表演和各类文化交流活动，向来自四面八方的游客展示红瑶服饰的独特魅力，将红瑶服饰推向国内外舞台。她曾受邀出席巴黎时装周，展示了红瑶服饰的独特魅力，向世界展示了中国少数民族服饰的精湛工艺和独特美学。她的努力为红瑶服饰赢得了国际赞誉，使红瑶服饰文化焕发了新的生机与活力。

许多非遗传承人和潘继凤一样，他们日复一日地努力，为红瑶服饰的传承默默铺路。他们既是技艺的传承人，也是文化的传递者，用双手和耐心，一针一线地连接着过去与现在，让红瑶服饰在时代变迁中继续闪耀其独特的光芒。

习俗

▼龙脊还是一座活生生的民俗博物馆，承载着千百年来当地居民的生活智慧与文化传承。

大寨村在晒衣节上举行的民俗巡游　潘志祥／摄

抬金狗

老皇历翻到最后一页。大年三十这一天，大寨村变得忙碌起来。

祭祖，扫墓，给粮仓谷桶、鸡舍狗窝猪栏等烧香贴红纸，贴春联，准备年夜饭……环节纷繁，但安排井然有序，这是一项全民参与的大工程。

潘乾忠把干栏式吊脚楼改为民宿，取名“他她故事”，我们的落脚点就定在潘乾忠家。年关这一天，他忙碌于祖宗流传下来的这些习俗，他在这些习俗里长大，骨子里隐藏着这些习俗的基因。生活在大寨的红瑶人都如此。

无论怎么忙，夜幕降临的时候，年夜饭总会准备齐全。火塘里的炭火通红，锅里的土鸡肉和新鲜的摆竹笋，在滚开的汤里演奏美食的乐章。年夜饭是从容的，不能在年夜饭里赶时间，该喝的酒要喝，想讲的话要讲。关于放爆竹烟花，大寨人有着不同的习惯，我们老家一般会在吃年夜饭之前放爆竹烟花，而大寨人把这个环节挪到了饭后。

我向潘乾忠请教这个疑惑，他解释道：“在大寨，吃完晚饭燃放烟花爆竹，是一种特殊的传统，寓意着一家之主已用餐完毕，可以去参与抬金狗仪式了。”抬金狗，作为大寨红瑶人除夕夜最隆重的一种年俗，它的起源历史已无从追溯，也无文字记载。

瑶族人一直对狗怀有深深的尊敬，他们甚至将狗作为图腾。其中，流传最广的传说与瑶族的始祖盘瓠紧密相关。传说盘瓠并非凡人，而是一只神犬，被瑶族人尊为始祖。据记载，盘瓠与皇帝之女三公主结合，从此繁衍出了瑶族的后代。瑶族人自认为是盘瓠的后裔，这种信念充分展示了瑶族人民对血缘的重视和对自己民族起源的坚定认同。

在瑶族的历史长河中，他们从北方辗转迁移至南方，在这个过程里，盘瓠图腾的崇拜形式也随之发生了变化。当瑶族在迁徙过程中面临重重困境时，他们向盘瓠祈求庇佑，希望得到神灵的指引，顺利渡过难关。传说，在迁徙渡海时，瑶族人遭遇了电闪雷鸣、狂风暴雨，几乎无法靠近岸边，正在这时，他们虔诚地向盘瓠祈祷求助，终于安全抵达彼岸。为了永记盘瓠的恩典，瑶族传承了祭祀祖神盘王的传统。这个祭祀仪式在不同地域有不同的称谓，比如“跳盘王舞”“赛盘王会”等。这些活动不仅是对祖先的缅怀，更是对盘瓠庇佑之恩的深深感激。

龙胜红瑶先辈大多信奉狗图腾，这种信仰流传到现在。例如，有些家庭逢年过节，或办红白喜事宴客，或平日加菜都要先给家狗喂点好菜饭。有些老年人忌吃狗肉。年轻人在别处吃了狗肉，回家前要漱口抹嘴去腥气，从后门或侧门进屋，不许由正门进屋、从堂屋祖先神龛前经过，以防因亵渎祖先神灵而招灾惹祸。大寨、小寨、中六、江柳、水银、岩州等村寨的红瑶人过农历年兴抬狗辞旧岁迎新年。

为什么过农历年要抬狗辞旧岁迎新年呢？据大寨、小寨、中六、江柳的几位潘姓老人说，它的来历是这样的：

红瑶老祖宗原籍山东省青州府大巷，因朝廷奸臣当道，曾出大兵侵犯瑶乡，红瑶人群起反抗，因寡不敌众失败，被迫逃离家乡，辗转迁徙乘木船“漂洋过海”，家狗随同。海中忽遇狂风大浪翻船，人和狗挣扎着游到对岸，但谷种和其他物品全部沉没。主人沉思：没有谷种怎么耕田种地过日子？万分焦急之时，家狗聪明通人意，忙跳下海冒险游到对岸，又趁着全身毛湿淋淋钻进一个谷堆打滚，让全身沾上谷粒，然后昂头翘尾下海带谷种游回来，将头尾沾的谷种献给主人。从此，红瑶祖先才又有谷种种阳春过日子。因此，红瑶人世代要敬狗，过农历年要抬狗辞旧岁迎新年，以报答家狗献谷种的大恩大德。

大寨红瑶人抬金狗拜年的仪式，与祭祀盘王的仪式颇为相似。瑶族对于狗的图腾崇拜，深植于其历史、文化和宗教信仰之中，其中蕴含着瑶族人民对祖先的崇敬以及对民族身份的坚守。除夕敬狗，除了大寨，在江柳、中六、小寨也保持着这样的习俗。这种独特的仪式，正是瑶族人民深厚民族情感和坚定民族信仰的鲜活体现。

第一次听说这种独特的年俗时，我内心涌动着一种难以言喻的激动，急切地盼望着年夜饭的结束，期待着烟花爆竹的绽放，更希望寨子某处快快传来锣鼓喧天的集结号角。这种独特的年味，让我心潮澎湃，无法自已。

时间即将走到亥时，寨子里各家各户的爆竹声此起彼伏，响声越来越密，烟花也按捺不住，腾空而起，一朵朵盛开在大寨的夜空，照亮了远处的梯田，也照亮了近处的吊脚楼和石板路。

终于传来“咚咚锵，咚咚锵”的锣鼓声，那鼓声仿佛是敲在我的心上一样。我抓起相机，循着乐器的响声，脚步生风赶了过去。

集中的地点在潘付恩家，乐队的 4 个年轻人已经站在门口，一鼓，一钹，一大锣，一小锣，鼓手敲打有劲，钹手张弛有度，大小锣手配合默契，这些不同乐器的声音和鞭炮声汇合在一起，高亢激昂，振奋人心。

潘付恩家渐渐地挤满了人，提着各式各样灯笼的孩子都集合了过来。地上摆放着一个竹笼，竹笼上贴着一张正方形的红纸。这个竹笼是装金狗用的。金狗是一只小狗，以前是由寨主在腊月二十九或三十日下午，从各户所有狗当中挑选一只白或黄色的肥壮公狗，喂饱，遍体涂上若干红色斑点。这些红斑点象征着瑶族祖先及狗与官兵搏斗时流过血。

今晚组织抬金狗仪式的老者名叫潘凤仁，也被称为“狗长”。我看装进竹笼里的竟然是一只胖嘟嘟的可爱小黑狗，便问狗长怎么不是黄狗呢，狗长答道：“今年寨子里没有小黄狗。”可见狗在瑶族人心目中的地位，不管什么颜色，今晚狗一定是财富的象征，装进竹笼里的就是金狗。等到大寨的年夜饭基本结束，人群越来越集中，金狗拜年准备开始。

红瑶人做什么重大的事都要择良辰吉日，唯有抬金狗不论。但其中一个仪式必须庄重，那就是请土地龙神。土地龙神位于潘付恩屋后的巷子旁边，它像一座简陋的祖坟，

潘凤仁在土地龙神位前举行祭祀仪式

卢初龙／摄

左边码了三层厚瓦片，右边码了两层厚瓦片，中间横一块石头，石头上刻有“大寨龙神”等字样。旁边竖两块石头，架成小门洞。看似很不起眼，却透出神圣。石头上面压了一些纸，其中一张写着“财源广进”的红纸特别抢眼。狗长潘凤仁在土地龙神位前焚纸，两个十三四岁的后生把金狗抬到旁边放下。队伍里所有的人都安静地等待着。

狗长把简单的祭祀仪式做完，在石板路上拉一排长长的爆竹，点燃了引线。“噼里啪啦”的爆竹声响彻夜空，每一声爆炸都伴随着金色的火光和白色的烟雾。火光在空中划出一道道弧线，烟雾随风飘散，鞭炮的碎屑像是无数小火珠，四散飞溅，然后熄灭在黑暗中。

今晚最快乐的是孩子们。他们提着灯笼，欢呼着，脸上映着火光的跳动，眼睛里闪烁着兴奋的光芒。

串巷游寨的队伍开始出发。提着灯笼的孩子跑在前面，抬狗的后生及乐队众人紧跟其后。一路敲锣打鼓，一路放鞭炮助兴。在蜿蜒起伏的石板山路上，队伍像一条贪吃龙，越走越长。

每到一家，主人都会放鞭炮迎接金狗，后生抬狗进堂屋，摆放在主家的神龛下，由彩头师傅向家主讲彩话，其余人等围拢站立，一齐应答。听狗长讲，以前抬金狗要入厨房围绕炉灶走三圈表示驱邪灭瘟，由寨主向家主说古言讲彩话：“从前，我们红瑶祖先搬家逃难过海，行李物件样样丢失，全靠狗带来谷种阳春。如今，过肥年莫忘敬狗。

今晚抬狗进屋赶邪灭瘟，保佑来年风雨均匀，人畜两旺，五谷丰登，家屋富有……”

现在，程序简化了一些，但彩话内容大同小异。今晚的彩头师傅是个年轻人，他面带微笑，声音温和而充满力量。

彩头师傅唱道：“锣停响，鼓停声，众位听我说一声！大门开，大门开，今日金狗来到贵府门！金狗一踩东，你家出个状元公！”

众人安静下来，一起附和：“依你贵人口。”

彩头师傅继续说：“金狗二踩南，正遇财神和你送财来！”

众人附和：“依你贵人口。”

彩头师傅说：“金狗三踩西，恭贺贵府代代儿孙喜登基！”

众人答：“依你贵人口。”

彩头师傅说：“金狗四踩北，恭贺贵府一路求财十路得！”

众人答：“依你贵人口。”

彩头师傅说：“金狗来踩五，踩进堂中成玉土，子孙能文又能武！”

众人答：“依你贵人口。”

彩头师傅最后说：“你家大门左边立起摇钱树，右边立起聚宝盆！摇钱树聚宝盆，早落黄金夜落银！早落黄金三

上：抬金狗队伍里的乐队，一路敲锣打鼓
下：每到一家，主家都会放鞭炮迎接金狗，后生抬狗进堂屋，摆放在神龛下，由彩头师傅向家主讲彩话，其余人等围拢站立，一齐应答
卢初龙／摄

寸厚，夜落白银九寸深！我来时和你安香火，去时和你带瘟神！二十四瘟都带去，带到长江大鱼吞！我们共记狗恩情，平安过好年！”

众人异口同声，齐声作答：“依你贵人口。”

此时，木楼中充盈着欢笑，每个人的脸庞都写满了幸福和满足。那些美好的祝愿在空气中流淌，散发出温暖的涟漪，它们洋溢在每一个角落，使即将到来的一年饱含无尽的期待和希冀。

随后，家主俯身给笼中的狗喂美味的年夜饭。他们向寨主和帮忙抬狗的年轻人敬酒，并且准备了丰盛的糖果分给孩子们。家主还赠予糍粑、油豆腐等礼品，这些都被放入专人挑担的桶中。此外，为了表示尊重与感谢，家主还给队伍中专门负责收取红包的“临时财务”递上一个红包。在过去，狗笼上还会披挂小红布条或红纸以示敬意，但如今这一环节已经简化。

大寨有 70 余户人家，抬金狗拜年的队伍要每一户都走入拜访，整个活动持续大半夜，直到凌晨三点，拜年活动才结束。辞旧迎新的人们最后聚集在狗长家，共享丰盛的晚餐，还把拜年得来的红包分给众人，遵循“幼小多得，劳者多得”的原则。大家一起欢唱歌曲，燃放鞭炮，热闹非凡。在欢声笑语中，大家共同迎接新的一年，满怀希望和憧憬。“抬金狗”这个年俗已经传承了数百年，成为当地红瑶人共同的记忆和情感纽带。

摘摇钱树

除夕之夜迎金狗，初一共摘摇钱树。摘摇钱树是大寨红瑶人另外一个自发的举寨行动的年俗活动。

摇钱树，又被称为发财树，其故事传说在民间流传着多种不同的版本，作为传说中的珍宝之树，它生长于古代经济繁荣的地区，深深地扎根于中国独特的文化之中，也对红瑶文化产生了影响。《三国志·魏书·邴原别传》记载：有一个叫邴原的人，在路上拾得一串钱，由于找不到失主，他就把钱挂在一棵大树上。随后路过此地的人，见到大树上有钱，以为是神树，于是纷纷把自己的钱也挂在树上，以祈求来日获得更多的钱，就成了“摇钱树”。关于摇钱树的起源，学术界尚未有定论，有些观点认为它来源于四川三星堆出土的商代青铜树；另一种认为其根源是战国时期的流行器物多枝灯以及汉代的各种神树模型；也有不少学者指出，摇钱树枝片上的动物和钱币图案与四川盐源出土的青铜枝片可能存在着某种亲缘关系。摇钱树不仅代表着远古时期人们对树的原始崇拜，更融入了祈求财富和幸福的世俗观念。正如一首民谣所唱："摇钱树，聚宝盆，日落黄金夜装银。"它既是古老崇拜的象征，又是人们心中财富的源泉和好运的化身。

摇钱树的年俗由来已久。在北方，比如老北京就有插摇钱树的旧俗，在岁末的时候，人们取松柏枝，插在瓶中，在枝上挂上古钱、元宝、石榴花等，就做成了摇钱树。古钱、元宝，寓意钱财；石榴多籽，石榴花也就寓有"多"的意思。在中国南方，过年时也有挂摇钱树的习俗，摘来新鲜的树枝挂在门上，预示着新的一年里钱财滚滚而来。年俗中的摇钱树象征着财富和繁荣，是中国传统文化中寓意吉祥的物品。

地处越城岭山脉的大寨，将这古老的摘摇钱树习俗原汁原味地保留了下来。

摘摇钱树，是大寨新年开始第一天最隆重的一件大事，需要请本领高强的师公看吉时看方位，跟抬金狗一样，也要有乐队助兴，也要请土地龙神，全寨的男女老少都会自觉地积极参与，是大寨的一次总动员、一次盛会。

除夕看完抬金狗之后，在潘乾忠家围着炉火煮龙脊老树红茶，一边守岁，一边品茶，一边听潘乾忠讲摇钱树的年俗。

夜变得短暂而薄。随着新年的钟声渐渐远去，大山打了一小会盹，鸡鸣和鸟啼又把昼唤醒。我推开窗，春光里透露着新年新禧新气象，曈曈暖日从东山升起，崭新的一天带着喜气展现在我的眼前。橙黄色的阳光温暖地照耀着大寨，也照耀着层层叠叠的金坑梯田。想不到深山夜里的寒气把梯田冻结了一层厚厚的白霜，那些银白的线条，在阳光的抚摸下，蒸发出白腾腾的水汽。

今年寨里的师公算出摘摇钱树的吉时比较晚，因此家家户户还很安静，不需早起，都还沉浸在昨夜里抬金狗的喜悦与祥和之中。

寨子里的石板路上堆积着爆竹的纸屑，先是几只狗在石板路上走动，那是大寨的吉祥物，它们地位尊崇，走路生风，神情自若。临近中午的时候，石板路上的人渐渐多了起来。

我在路上遇到了八旬老者潘应成，他是大寨的瑶歌王，不仅瑶歌唱得好，记忆力也好，为瑶寨整理了好几本瑶歌集。他身体硬朗，声音洪亮，热情地跟我打招呼，邀请我去潘付恩家烤火。

潘付恩家的房子是一栋半成品的水泥框架楼房，来不及装门，来不及装窗，来不及包木板，今天却是大寨最热闹的房子。抬金狗在这里集中，摘摇钱树也在这里集中，堂屋里简陋而宽敞，两桌人围得满满当当在闲聊，孩子们在旁边打闹。潘应成把我带到火塘边，原来火塘边早坐了一圈老人，在围着燃烧的柴火讲古论今。有几位老人我已经打过照面，他们你一句我一句热情地跟我讲摘摇钱树的一些细节。红瑶人初一这一天是不许带刀的，所以称摘摇钱树而不是砍摇钱树；龙脊村、平安村是壮族村，他们是砍摇钱树；有些汉族村是砍柴，清早砍一捆生柴回家。不论哪种，都蕴含着“生财”的意思。选择树木也是有讲究的，要选枝繁叶茂、开花开得多的，这样才会“钱多多，财富多多”。

寨里的老人告诉我，今年（2024 年）摘摇钱树的吉时是未时，到中午一点钟就可以去摘摇钱树了。大利的方位是东面，刚好是村口。不一会儿，锣鼓声就响起来了，有鼓有锣有钹，还有唢呐，爆竹声是不断的，人堆越来越集中，像四面八方游过来的鱼。吉时终于来临，照例是由狗长潘凤仁率队去请土地龙神，举行祭祀仪式，放鞭炮。

鞭炮一响，乐队开道。一群人，一路人，一寨子的人，家家户户，男男女女，浩浩荡荡，举寨而出，挤在紧仄的石板路上，直奔村口的风雨桥。每家每户都带着鞭炮，一路的鞭炮声此起彼伏，如同一曲热烈的交响乐。空气中弥漫着爆竹的味道，这是节日特有的气息。

村口是一座古朴的风雨桥，靠近桥左岸是一条上山的石板路。路边有一棵高大的桂花树，还有一棵矮小的锦熟黄杨。桂花树在中秋开花，锦熟黄杨早春开花，两种植物的叶片葱翠稠密，作为摇钱树的理想象征物，最受青睐。来得早的，最先下手，折下一两枝，紧紧抱在怀里，像捡到了宝贝一样，心花怒放，咧嘴笑着，眼睛放着光彩，急匆匆往回赶；脚步慢的，下手迟的，看着低处的枝叶给摘走了，只能踮起脚尖，伸长手臂去摘更高一些的枝叶；来

大家正在争先恐后地采摘摇钱树
卢初龙 / 摄

得更晚的，只能在树底下，像青蛙跳跃一样，一跳两跳三跳，终于攀住一枝，费老大的劲，把它折下来；最后面来的，只能到更远处去找适合做摇钱树的植物，有些干脆就折了一把竹枝叶，也高高兴兴地回家去。

我不是瑶族人，但入乡随俗，深受感染，也去摘了两小枝锦熟黄杨，枝上挂满了指甲大小的叶片，葱翠油亮，状如瓜子，叶腋处簇生着朵朵黄绿色的球形小花，像一个个古怪的小精灵，不张扬不醒目，在早春的严寒里兀自开放，抢得春光的娇宠。

在路上，我碰到了往家里赶的狗长潘凤仁，他意气风发，满面红光，似乎昨晚抬金狗喝下的酒还没有消化完，腿脚还有些踉跄。他左手提着一个装着鞭炮的塑料袋，腋下夹着一大枝摇钱树，热情地跟我打招呼，说我昨晚喝的酒太少。他像个孩子一样快乐，久不久点燃一个拇指粗的鞭炮，扔到河里，砰的一声巨响，石板路都抖动了一下，河水炸开，溅起一阵雨点。

所有摘下的摇钱树最终都插在各自的家门口。我和潘凤仁一同进寨子，看到那些提前回来的人，抱着摇钱树到家的时候，都要放一盘长长的鞭炮，像迎接财神爷一样的虔诚庄重。在火光烟雾里，翠绿的摇钱树与门框上贴着的鲜红的“迎春接福”或“财源广进”的春联，特别应景。插在门边或挂在门上的摇钱树枝上，还要系满小红包，系满小小的福字，系满大寨红瑶人对新的一年财运和美好生活的祈愿。

长发的秘密

别人叫我快快长，
如今长大要离娘。
我娘养我好辛苦，
一年老了二三岁，
一年穿烂三年衣。
乳发涂奶初成长，
一寸一寸来长长，
一断青丝谢爹娘。
可怜我娘养我大，
我为我娘梳长发，
长命富贵到久长。
……

这首歌不知道多少次在梦里把我拽醒。2024年龙脊三月三长发节，我在黄洛瑶寨听到它的时候，它就扎根在我的心里了。

对于许多带有表演性质的民俗节庆活动，我向来不太热衷，总觉得它们过于拘泥于表面的形式，未能真正深入人心，触动灵魂，而独独这一次，却被深深地打动。

三月初三这一天，我和几位作家朋友从大寨早早地赶到黄洛，去体验龙脊红瑶这一年一度的三月三长发节。春天雨水多，天色有些阴沉。山岚在山那边洁白如棉花，等漫过来的时候，却变成了雾，轻轻柔柔地落在脸上，润润的，凉凉的。

活动现场设在黄洛瑶寨。黄洛瑶寨在平安寨下方的金江河畔。它是龙脊十三寨中唯一的瑶族村寨，居住着清一色的红瑶人，全部姓潘。寨子里的红瑶女子跟龙胜境内的其他红瑶女子一样，都保留着蓄发盘发的传统习俗。天气好的时候，她们结伴到金江河畔梳理头发：红衣黑裙，长发飘飘，成为金江河上最为奇特的风景。她们的头发平均长度为 1.5 米，有少数竟达到或超过 2 米，最长的达到 2.72 米。早在 2002 年，黄洛瑶寨便因其独特的长发文化，荣获了上海大世界吉尼斯总部颁发的“群体长发女之最”证书。自此，黄洛瑶寨便被誉为“天下第一长发村”，名扬四海，吸引了无数游客慕名前来探访。2023 年 4 月，在龙脊三月三长发节上，256 名红瑶女子连成了一条长达 412.5 米的梳发长链，再度刷新了吉尼斯世界纪录，成为龙脊梯田景区的又一个“天下一绝”，为龙脊梯田增添了更多的荣耀与传奇色彩。

在黄洛瑶寨的村头，还建有全国唯一的一座长发科技馆。这座科技馆始建于2019年，建筑面积达1万平方米。2023年我和黄春华老师特意进去观摩，窥探了红瑶长发背后的秘密。中国长发文化的发展源远流长。在古代，头发是一个人地位、身份、权力的象征，同时也是礼仪、孝道、尊严、文明的表现。在辛亥革命之前，中华民族一直延续着蓄发的传统。《孝经·开宗明义章》中有一段孔子言论的记载："身体发肤，受之父母，不敢毁伤，孝之始也。"在深受儒家思想熏陶的古代，孝道被视为百善之先。古人认为，身体发肤皆源自父母，若有丝毫损伤，皆属不孝之举。因此古人很重视蓄发，为了能把头发蓄好，古人对养发也格外用心，在没有洗发水的年代，历代古人用他们的智慧，就地取材，呵护自己的秀发。从春秋战国时期开始，人们便利用草木灰清洁头发，到秦汉时期，淘米水成为洗发佳品，随后，皂角、澡豆、胰子、肥皂、香皂等洗发用品相继问世，直至新中国成立后，洗头粉逐渐普及，如今，市面上更是琳琅满目的洗发水和护发素。

那么，为何龙脊的红瑶女性能够世世代代坚守传统，用淘米水洗发呢？

记得当年我第一次到龙脊梯田，走马观花跑了一圈，最后抵达的是黄洛瑶寨。在寨子里，我第一次见到红瑶的阿婆在用淘米水洗那长长的头发，我感到无比惊讶：这淘米水怎么能够用来洗头呢？我一直以为，这种怪异的洗发方法是红瑶女性的独家发明。后来走进长发科技馆，我才恍然大悟，原来淘米水洗头并不是红瑶女的首创，其实早在 2500 多年前的先秦时期，老百姓就无意间发现了用淘米水洗头的好处，因为成本低，容易制造，在当时广为流传。《左传·哀公十四年》中就有关于淘米水作洗发剂的记载："陈氏方睦使病，而遗潘沐。"淘米水，古时候就称为"潘"。当然，这个字与龙脊的潘姓红瑶的"潘"没有任何关联，然而两者之间，仿佛有某种神秘的宿缘，古代淘米水的"潘"被潘姓的红瑶人代代相传，继承了下来。不仅仅是在龙脊十三寨唯一的瑶族村寨黄洛，在金坑四寨大寨、小寨、中六、江柳，还有泗水乡的红瑶村寨，她们都一样地蓄发盘发，用淘米水洗发，保留着这个最悠久最原始的传统。

龙脊红瑶长发天下闻名，这是与它优质的淘米水分不开的。在红瑶的火塘边，那一罐罐充满神秘色彩的淘米水，绝非寻常之物，它正是红瑶女性拥有如丝般秀发的独门秘籍。这米，源自龙脊梯田中的原生态绿色的稻米，只有在得天独厚的地理环境、湿度、气温和清澈水源的滋养下，才能孕育出如此珍品。水，是龙脊山脉的天然水，其 N1 指标（硝酸盐氮和亚硝酸氮的综合指数）仅为 0.0005，被水界专家誉为"冠军生命之水"，最适合微生物发酵。正是这样的米和这样的水，经过一遍遍的搓洗，化作淘米水的精华。再融入平时收集的柚子皮、茶油渣以及大山深处生长的珍贵草药，经过精心煮熟、发酵、封罐，最终凝练成红瑶女性洗发、养发的“独家秘方”。经过煮熟和发酵的淘米水，呈现出一种黏稠的质地，其气味中既有淡淡的酸味，又夹杂着一缕沁人心脾的馨香。中国长发科技馆的检测结果显示，红瑶女性自制的这款洗发水，其 pH 值为 3.25，呈现出弱酸性，这恰恰符合头皮所喜好的环境。更令人惊叹的是，在中国长发科技馆与众多科研单位、院校以及国家药监局化妆品安全评比重点实验室的联合研究中，竟从红瑶这一自然古法发酵的淘米水中发现了一种神奇成分“二裂酵母”，它不仅是全球众多顶级护肤品牌的当家明星成分，更是破译千百年来红瑶女性长发秘密的关键钥匙。

在红瑶的文化传统中，长发拥有深刻的寓意，它象征着“长久吉祥，繁荣兴旺”。红瑶女性自幼便悉心呵护着自己的秀发，期盼着它们能够日益丰盈。待到年满 18 成年之际，她们会举行一场特殊的仪式，剪下一束青丝珍藏，作为青春岁月的见证，这也是她们人生旅途中唯一的一次剪发经历。每一名红瑶女性，在其生命中会珍藏三束秀发。第一束，是她日常顶在头顶的乌黑亮发，闪烁着自然的光泽；第二束，是她年满 18 岁时，以庄重仪式剪下的青春长发，寓意着少女的蜕变与成长；而第三束，则是她在日常梳理中一点一滴积累起来的落发，它们被细心收藏，如同岁月的印记，静静诉说着过往的点滴。这三束长发，恍若人生中的三个不同阶段，交织在一起，共同勾勒出一幅生

龙脊镇大寨村的瑶族同胞在展示长发梳妆　潘志祥／摄

动的生命画卷。它们既是过去的见证，也是现在的象征，更是对未来的期许与憧憬。

长发在红瑶象征着长命富贵。她们平时可不是随意披头散发，而是精心地把头发盘起来。当地人总结出红瑶有“三怪”：头发当草帽戴、手镯当耳环戴、衣服全是丝线带。这就是红瑶这个民族标志性的特征，这“三怪”中第一怪就是盘发。红瑶女性盘发是有讲究的，已婚未生育的女子把长发盘在头上，盘成螺蛳的形状，叫“螺蛳发”，盘出龙脊梯田般弯弯曲曲的韵律。生了小孩的妇女还在额前盘出一个发髻，叫“乌龙盘发”，为了让发式更加丰盈美丽，还要增加两把衬发，一把是 18 岁成年仪式时剪下来的头发，另一把是平时梳头时，梳落下来积攒起来的头发。而未婚的少女们总是以头巾精心遮掩着自己的长发，轻易不肯显露出来，她们被亲切地称为“闺中秀”。这种遮掩，如同守护着一份秘密，让她们更添一种内敛而含蓄的美感，仿佛每一缕未露的长发，都蕴藏着无尽的诗意与遐想。

当河水欢唱，锣鼓喧天时，我们抵达了这个热闹非凡、充满魅力的寨子。寨口，红瑶女们身着鲜艳的红装，耳佩闪耀的银环，列成一排，她们热情地用手团着五色糯米，将这份祝福送给远道而来的宾客。整个寨子仿佛被欢乐的气氛所包围，人群熙熙攘攘，摩肩接踵，连原本宽敞的石板路也显得狭窄了许多。金江河两岸的沿堤路上，人群拥挤不堪，风雨桥和铁索桥也被人群压得喘不过气来。这一天，是黄洛瑶寨一年之中最为盛大、隆重的长发节。

上午10点，精心策划的活动准时在月亮岛上拉开序幕。这个形如弯弓的月亮岛，位于金江河中央，成为今天的舞台。黄洛瑶寨及其他瑶寨的红瑶长发女子们汇聚于此，她们的身影层层叠叠，将舞台紧紧环绕。而在这个特别的日子里，黄洛瑶寨的少女潘红敏，也迎来了她人生中最重要的时刻——剪长发成人礼。

随着活动的进行，潘红敏和另外3名身着绚烂传统服饰、头裹如云般青丝长发的少女，在母亲的陪同下，撑着红色的雨伞，款款登上了月亮岛的舞台。她们的每一步都洋溢着青春的气息，脸上洋溢着对未来的憧憬和期待。

月亮岛上所有的红瑶女性都神色庄重，带着一种神圣和虔诚，她们肃立在祭台前，用红瑶最古老的语言低声吟唱着《女儿歌》。歌声轻柔而婉转，像是穿越千年的时光，从远古的红瑶部落中飘然而至。随着歌声的起伏，潘红敏的脸上流露出一种复杂的情绪，既有长大成人对未知世界的忐忑和期待，也有以后步入婚姻殿堂将要离开父母的深深的不舍和眷恋。以前，红瑶女子通常十七八岁就要嫁人。这首红瑶古老的《女儿歌》，歌声激越如泣，旋律优美动人，声声都像石子一样敲在潘红敏的心灵深处。

在红瑶文化中，长发被视为长命富贵的象征，因此，红瑶女性自小就有留长发的习俗。从满月开始，母亲便会为孩子剔下乳发，用红布包好，放入箱底，这是母亲的"命根"，也是孩子与母亲之间深厚的情感纽带。为了让孩子的头发长得更浓更密，母亲会用母乳涂抹孩子的头皮，希望她们能拥有一头乌黑亮丽的长发。

女儿从小看着母亲用淘米水来洗头，懂事一点后的女儿学着用淘米水给自己洗头，还帮母亲洗头……随着岁月的流逝，女儿渐渐长大。当她年满 18 岁时，便迎来了人生中的重要时刻——成年礼。在这一天，家里人会请师公选择一个黄道吉日，为女儿举办盛大的成年礼。这一天，母亲的心情尤为复杂。她看着女儿从蹒跚学步到亭亭玉立，心中充满了欣慰和自豪。但同时，她也意识到女儿即将离开自己，成为别家的人，心中不禁涌起一股难以言表的情感。

成年礼当天，母亲会带着女儿来到河边的大石头旁，那里有一棵长得茂盛的大树，被称为"祭娘树"。这是女儿小时候与母亲一起“拜祭娘”的地方，也是女儿成长的见证。在这里，师公会举行一系列的仪式，向“祭娘树”告慰女儿的成长，并祈求它保佑女儿未来能找到一户好人家。随后，母亲会慢慢地解开女儿的头巾，抚摸着女儿的头发，帮她梳理。这时，陪伴而来的一众未婚姐妹会唱起红瑶古老的《女儿歌》:“别人叫我快快长，如今长大要离娘。我娘养我好辛苦，一年老了二三岁，一年穿烂三年衣。乳发涂奶初成长，一寸一寸来长长，一断青丝谢爹娘。可怜我娘养我大，我为我娘梳长发，长命富贵到久长……”歌声中充满了对母亲的感激和对未来的期许。母亲听着歌声，心中充满了不舍和感慨。她知道，女儿即将离开自己，开始新的人生旅程。但她也相信，女儿会带着自己的祝福和期望，勇敢地面对未来的挑战。母亲从箱子里取出剪刀放在供桌上，再给“祭娘树”上香答谢祭娘多年的庇护。最后，村寨里德高望重的老阿婆拿起剪刀，为女儿齐肩剪下一把头发。这是女儿今生唯一一次剪发，也是她成年礼的重要仪式之一。母亲会小心翼翼地将这把头发用红布包好，放入箱底。等到女儿出嫁的时候，它会伴随着女儿“出嫁”到夫家。以后，当女儿成为母亲时，女儿会将这把头发盘在头上，以此感谢母亲的养育之恩，并告诉母亲自己的生命已经有了延续。

在剪长发成人礼这个舞台上，潘红敏的妈妈在帮自己的女儿梳着长长的秀发，轻轻地，柔柔地，仿佛在为女儿梳出一条人生的康庄大道。一旁的阿婆握着长发剪下来，

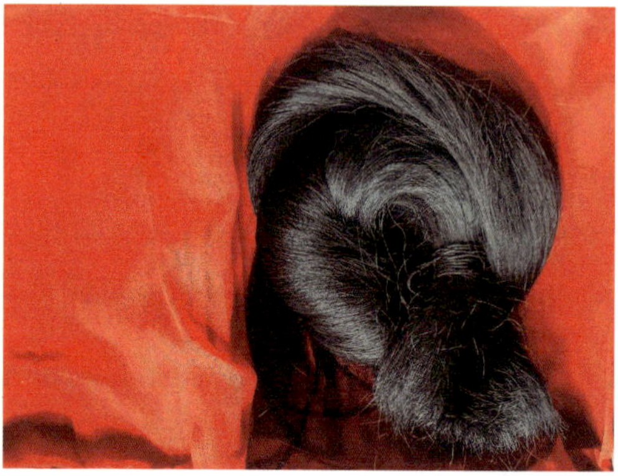

红瑶女儿成年礼时剪下一把头发。母亲会小心翼翼地将这把头发用红布包好，放入箱底。等到女儿出嫁的时候，它会伴随着女儿“出嫁”到夫家
卢初龙／摄

金江河与黄洛瑶寨
韦吉阳／摄

交到潘红敏的妈妈手里，妈妈小心翼翼地接过来，用红布包好，放入箱底。女儿此刻再也抑制不住自己的情感，扑到妈妈的怀里，母女相拥而泣。在万众瞩目之下，天地为之动容。

金江河水静静流淌，见证了一年又一年《女儿歌》的唱响，一年又一年瑶家少女成年时剪下长发，压在箱底，待出嫁时成为最珍贵、最特别的陪嫁品。

开耕节

五月伊始，龙脊山有些雨意，风从梯田吹往木楼，裹挟着丝丝沁凉，山谷间的雾一遍又一遍地漫上龙脊梯田。

在龙脊古壮寨的群龙探海观景台旁，一处田头的平台上用四根竹子搭建起了一个简易的架子，这是一个临时的祭台。祭台中央摆放着一张供桌，上面陈列着丰富的祭品：硕大的猪头，美酒，新鲜的水果，以及色彩缤纷的糖果，还有一尊木刻的土地神像，正面还挂着一张土地神画像。

两位师公，一位身着蓝袍，另一位身穿红袍，在开耕之前向土地神上香，口里念念有词，神情庄重肃穆，点燃的香烛烟雾缭绕，仿佛在向这片土地诉说着古老的祈福之词，祈求神灵保佑全寨雨旸时若，穰穰满家。按照老祖宗留下来的惯例，寨老牵来一头全寨最壮的公牛，喂一口嫩青草给牛吃，师公在牛身上画一个“保符”，牛头系上红花。各家各户的田主扛着犁耙，拿着铁刮，纷纷走向自家田地。师公做简短的开犁仪式之后，打开渠道的分水闸，水顺着水槽欢快地流进了梯田。一块梯田水满了，水便从出水口

放满水的龙脊梯田　潘志祥／摄

流到下一块梯田，如此层层递进，一直流到最下面的那块大田。一时间，田野上到处流水潺潺，波光粼粼。新翻的泥土气息混着山泉味儿，弥漫在田野上。

引水入田，开耕犁田。

那头身上画着“保符”，头上系着红花的黄牛被赶着，缓缓走向最大的那块梯田。它的步伐坚定而有力，仿佛在告诉人们：新的一季耕作即将开始。师公吹响了海螺，大鼓也敲得震天响，这延续数百年的，旷远深邃的开山号子在田畴间回荡，宣告着开耕吉时的到来。

龙脊古壮寨的这一片梯田，被取名为“群龙探海”，名副其实。每一道山梁，如龙身涌动，直探谷底。它们身披一块块梯田，如片片龙鳞，连缀成铠，展现出无与伦比的壮美景象。在云雾的晕染下，梯田的轮廓若隐若现，如一幅活着的水墨画在眼前流动。站在山顶俯瞰，仿佛从天际传来那远古的龙吟声，在耳边回荡。

这一天，龙脊山是热闹的。龙脊古壮寨的壮家成年男女倾寨而出，他们身着民族服饰，手持各式各样的农具，齐聚在层层叠叠的梯田之上。他们默契配合，有的男女搭配进行耦耕，有的驱使水牛耕作，有的挖田开沟，有的挥锄刨地，有的精心耘田，有的砍削田基，有的扶持田基，有的仔细除草，这一幅繁忙而和谐的农耕画卷在梯田上徐徐展开。

梯田里，女子头扎红头巾，宛如一朵盛开的山茶花，与白色的民族服装相映成趣，灵动而又婀娜。男子一身素

开耕节这一天，一幅繁忙而和谐的画卷铺展在龙脊梯田上
卢初龙 / 摄

黑，沉稳而有力，他们或抠泥扶田基，或手握铁刮锄草，每一个动作都显得那么熟练而自然。而最引人注目的，莫过于那成对男女耦耕犁田的场景。女子在前，一手扶杆，一手拄杖，步履坚定；男子在后，双手紧压犁耙，用尽全力。坡下不远处，那头黄牛，系着红花，背负牛轭，拖着犁耙，在田间缓缓前行。犁耙后，跟着那掌犁的男子，一人一牛配合默契，一前一后，共同演绎着农耕的和谐乐章。

风云过后，雨珠稀疏零碎降落，梯田上泛起点点涟漪。置身在这热火朝天的劳作场景之中，恍如隔世，似乎穿越到那个与世隔绝、刀耕火种的古老时代。此时此刻，我感受到一股劳动的力量，心里澎湃着一首大地的赞美诗。眼前这梯田，不仅是一片农田，更是一幅生动而壮美的农艺景观，是一曲歌颂生命与希望的山歌。

到了晚上，龙脊寨的路边搭建的舞台被雾气渲染，唯美如仙境。观众们纷纷聚集而来，期待着即将上演的舞龙表演。两条巨龙缓缓进入舞台，一条是威武雄壮的黄龙，另一条则是灵动飘逸的青龙。舞龙的都是壮族阿妹，她们的衣着朴实又充满活力。

随着鼓声的响起，舞者们开始舞动巨龙。一名小阿妹高举龙珠，引领着舞龙者的步伐。黄龙和青龙在舞台上翻腾跃起，时而交织在一起，时而分开各自展示。舞龙者身手矫健，配合默契，将龙的威严与灵动展现得淋漓尽致。龙脊山上，两条巨龙在舞台上翻飞起舞，在云雾中翱翔。

龙脊舞龙舞出了壮族儿女的精神和力量，这是龙脊精神，这是龙胜精神，这是梯田文化的世代传承和独特的魅力。

这个夜晚，壮族阿妹还表演了《耘田乐》《梯田人家》《迎亲》等节目，每一个节目都充满了对生活的热爱和对未来的憧憬。她们用舞蹈来演绎《耘田乐》，传递着对土地的深情厚谊。她们身背犁耙，以优美的舞姿展现了犁田的过程。随着音乐的节奏，她们模拟了犁田、插秧、梳秧、收割和晒谷等农事活动，每一个动作都充满了力量和韵律。在《梯田人家》中，她们一会儿腰间背着鱼篓模仿去河里摸鱼，一会儿手持扁担挑稻谷，展现了壮族人民在梯田间辛勤劳作、和谐共生的美好画面。而在《迎亲》中，她们则展现了壮族婚礼的喜庆和热闹，将观众带入了一个充满欢乐和祝福的世界。

夜深的时候，篝火燃烧起来。橙红色的火光映照在每一个人的脸上，在雾霭朦胧中，显得生动而温暖。伴随着轻快的音乐节奏，人们纷纷走到火堆旁，和壮族儿女一起，手牵着手，围成一个大圈。人们脸上洋溢着笑容，步伐灵动轻快，随着音乐起舞。火焰与舞蹈交织在一起，在龙脊山、在龙脊梯田这个开耕之夜，欢声笑语传遍了山谷。在这个特殊的夜晚，在这一刻，时间仿佛在龙脊山上凝固了，只留下这欢乐和丰收的愿景。

这一刻，我的心也融化了，仿佛同龙脊勤劳的人们一起，与天地同舞，与星辰共歌。

秧母娘娘

时雨及芒种，四野皆插秧。

每到芒种时节，天空便会传来阵阵春雷的轰鸣，春雨如丝如缕，轻轻洒落在龙脊梯田上，滋润着每一寸土地。水渠的水流进梯田，注满了一块又一块梯田，从山顶到山脚，从这一山到那一山，梯田层层叠叠，水波荡漾，田埂蜿蜒曲折，如同大地的脉络。村民们也开始在田间插秧，忙碌的身影点缀在绿色的稻田之中，描下这幅山村劳作画卷最生动的一笔。

芒种对于龙脊十三寨来说，是一个非常重要的节气。在插秧之前，他们会格外虔诚地举行盛大的梳秧节祭祀仪式，来祭祀秧苗的保护神——秧母娘娘，祈愿她赐福于农作物，让它们茁壮成长，在经历挖田、碎田、犁田、耙田、扶田基、育秧、插秧、施肥、耘田、砍田坎、捉虫、收割这十二道农活之后，能够迎来一个丰收的季节。

秧母娘娘的传说源远流长，她是农耕社会民间信仰中的一位重要神灵。传说中，她手持一把黝黑发亮、雕刻着云纹花格的秧母神梳，这把梳子拥有神奇的力量，用它梳理过的秧苗就会茁壮生长，害虫无法侵扰。梳秧节是龙脊梯田文化的重要组成部分，也是当地众多传统节日中独特的一种。在芒种前后，寨老和师公会精心挑选一个吉日来举行祭祀仪式，还会从未婚少女中挑选一名八字好的少女来扮演“秧母娘娘”。这名少女将成为整个梳秧节活动的灵魂人物，她需要在仪式期间保持庄重和神圣，不再参与其他劳作，全心全意地准备和参加祭祀活动。

2024 年是龙年，龙脊平安寨的梳秧节挑中的日子是 6 月 9 日，刚好是芒种后的第四天，端午节前一天。寨老和师公经过慎重考量挑选出了扮演“秧母娘娘”的女孩，她叫廖妃蔡，刚满 21 岁，还在上大学。能被选上扮演秧母娘娘这个角色，是一件很荣幸也很开心的事，连家里人都感到很自豪。

芒种时节雨水特别多。梳秧节这一天，有雾，有雨。雨不大，持续的时间有些长，仿佛是一位师公在念长长的祈福词。雨停下来的时候，天会明亮许多，就像开蚌取珠时那白色的珍珠透出来的光泽。山谷里的风带着丝丝凉爽，把雾气送上来，笼罩在平安寨那些黑黑的屋瓦上，也笼罩在“七星伴月”和“九龙五虎”千曲百转的梯田上，耕耘过的梯田，注满了山泉水，如镜如璧，把天光云影都收纳了进来。

在这天，廖妃蔡早早起床，梳妆打扮。秧母娘娘这个

巡田的队伍中，壮族阿嫂们撑着一把把红色雨伞，行走在梯田蜿蜒的石板路上
廖月新 / 摄

角色，在龙脊壮寨的梯田文化中，有着举足轻重的地位。她不仅是农耕文化的象征，更是村民们心中的精神寄托。怎么扮演好这个角色，对廖妃蔡来说，既是一个挑战，也是一个全新的体验。廖妃蔡知道这个角色不仅仅是简单的身份转变，更是一份责任与担当。她要用自己的实际行动，去诠释好这个角色。

同样起得早的，还有那些壮家阿嫂阿妹，她们穿戴整齐，早早地来到这个写着“平安壮族梯田观景区”字样的门楼前面集合。她们一律保留着古朴典雅的“椎髻对襟”服饰传统：头戴粉红提花毛巾头饰，上穿白色衣服，领口和袖口绣着花纹，下着黑色长裤，膝盖以下镶有一宽一窄两条天蓝色的花边，脚上穿着黑色的布鞋。她们在道路两旁站立，热情地招呼着远方到来的客人品尝龙脊水酒和龙脊粽子。今天，来者皆是贵宾，摆下拦门酒，也是壮家人最高规格的欢迎仪式。

众人纷纷汇集于寨口。这些人中，有来自平安寨的村民，有龙脊十三寨、金坑四寨和其他乡镇的壮族、瑶族、侗族、苗族、汉族乡亲，更多的是来自五湖四海的游客。所有人都怀着激动的心情，翘首以盼，期待着共同迎接今天的主角——秧母娘娘。

秧母娘娘的扮演者廖妃蔡，在万众瞩目之下上场了。她身姿优雅，步态轻盈，仿佛每一步都踏在云端之上，给人一种超凡脱俗的感觉。她的手中托着一个竹编的篮子，篮内静静躺着一束苍翠欲滴的秧苗。她走到抬椅改装的敞篷“轿子”前，坐下，举止之间透露着一种从容与淡定。她身着一袭玫红色 V 领对襟壮族上衣，胸前有两排精美的“一”字形盘扣，袖口点缀着蓝色的花边，充满龙脊壮族的传统韵味。她身着的黑色裙子，同样镶嵌着独特的花边，与上衣相映成趣。头戴红色帽子，祥云花边和银饰装饰增添了几分神圣与华丽。脚上穿着红色绣花鞋，脖子上挂着一圈又一圈的银项圈和银制的梳子样挂饰，熠熠生辉。这套装扮不仅彰显了秧母娘娘的神圣与美丽，更生动展现了龙脊壮族民族服装的独特魅力与风采。

她的皮肤细腻如凝脂，面容线条柔和而流畅，五官精致。她的双眸宛如深幽的湖水，闪烁着晶莹剔透而又温暖柔和的光芒，映照出无尽的智慧与柔情。眉宇之间，透出一股温婉而端庄的气息，宛如山间的兰花，静谧而高雅。她嘴角轻轻上扬，带着一丝淡淡的笑意，仿佛春风拂面，让人感到无比的温暖和亲切，在不经意间流淌出一种天生的柔美与温婉。

在平安寨的寨门下，此刻一片欢腾。锣鼓喧天，唢呐激昂，节日的欢乐与祥和在空气中弥漫。随着“梳秧节”的序幕拉开，整个村寨仿佛沉浸在了一片欢乐的海洋中。唢呐的演奏者鼓着腮帮子，手指灵活地跳跃在孔上，气息悠长而有力，乐声如同山涧中的溪流，湍急与平缓交织，高亢明亮的音色响彻云霄。鼓手们则手握鼓槌，铿锵有力地敲击着大

上：秧母娘娘头戴祥云花边和银饰装饰的红色帽子，穿着一袭玫红色 V 领对襟壮族上衣和黑色裙子，脖子上挂着银项圈和银制的梳子样挂饰，增添了几分神圣与华丽
下：秧母娘娘手捧秧苗，在师公和一名手持巨大“秧母神梳”的少女的带领下，开始巡田
万里 / 摄

鼓，鼓声震撼人心，如同战鼓擂动，为整个节日增添了无限的活力。舞狮队和舞龙队也随着鼓声的节奏表演了起来。两只狮子，一青一黄，身披锦绣，眼睛炯炯有神。舞狮者身手矫健，配合默契，通过操纵狮头狮尾，让狮子展现出各种生动的姿态。狮子时而翻腾跳跃，时而摇头摆尾，仿佛真的狮子一般。与此同时，舞龙的队伍也加入了表演。两条巨龙在白衣壮族女子的操纵下，蜿蜒盘旋，上下翻飞。龙身由数十块彩布拼接而成，色彩斑斓，璀璨夺目。舞龙者们手持龙杆，随着鼓点的节奏舞动龙身，场面十分壮观。

秧母娘娘开始巡田，她端坐在轿子中，轿身装饰着绿色的细藤须，随着两名年轻力壮的青年男子的步伐轻轻摇曳。师公和一名手持巨大“秧母神梳”的少女，走在轿子前方，他们的步伐坚定而有力，引领着这支队伍巡游在“九龙五虎”田间地头。双狮双龙走在队伍当中，一起护卫着秧母娘娘。唢呐锣鼓的声音在田野间回荡。壮族阿嫂们撑着一把把红色雨伞，连绵在梯田蜿蜒的石板路上，它们像一朵朵盛开的红花，随风轻轻摇曳，绽放出绚烂的光芒。在这个湿润清新仙气飘飘的水云间，这支美丽的队伍，显得神圣而庄严、神秘而美好。

队伍行至秧母田上方的祭台，众人稳稳驻足站立。祭台搭建在“九龙五虎”梯田的高处，俯瞰着逐层而下、宛如波涛起伏的梯田，气势恢宏。师公、秧母娘娘、手捧秧母神梳的少女、唢呐队、挑着秧苗的几名壮族阿嫂，走到祭台旁。祭台上几个稻草人迎风而立，南面是一张供桌，上面摆放着捆扎整齐的秧苗、鸡、腊肉、酒、粽子、糖果等丰富的供品。供品前，一幅精美的秧母娘娘画像格外引人注目，画像上端有一张写着“秧祭吉祥”的横批，两侧有一副对联，写着“秧母圣神驱虫除害禾苗顺利成长，齐民要术精育良种稻作喜获增收”，寄托了村民们的美好愿望。

师公郑重其事地将那把巨大的秧母神梳挂在秧母娘娘的神像上端，开始了庄重的祭祀仪式。他首先念诵手抄的经文，声音洪亮而虔诚。接着，他念咒杀鸡杀鸭，烧纸钱，焚香点蜡，鸣号起鼓。师公再次念诵经文，向秧母娘娘祷告，祈求她下凡享受供奉，保佑龙脊十三寨风调雨顺、丰收满仓。

仪式的高潮部分，是由秧母娘娘亲自开秧门。她将用秧母神梳精心梳理过的三把秧苗轻轻抛入田中，祈求秧苗茁壮生长，害虫不侵。这一刻，整个壮寨都沉浸在庄严肃穆的氛围中，村民们的心中充满了对丰收的期盼和对自然神灵的敬畏与感激。

秧门一开，即可插田。村民们纷纷下田，在秧田里，一只手快速扯起秧苗，一只手用梳秧梳子梳顺根须，绑扎成束，动作行云流水般干脆利落。梯田里插秧的人也多了起来，大块的田里打背工的村民三五成群，弓着腰，说着笑，手起秧落，点泥成行。小块梯田里只能站下一个人，

龙脊梯田灌水后，如同一面面镜子映衬着天光山色
潘志祥／摄

有些插一行，有些插两行，秧在前进人在后退。很快，光洁的泥田里让绿色占领。也有一男一女肩膀上扛着犁杆，一前一后配合犁田，做着耕耘的收尾工作。除了插秧的劳作，还有一些庆祝梳秧节的活动，比如打泥仗、梯田里拔河、摸鱼、抢“锦鸡”等，这些充满趣味和欢乐的活动，成为壮族人民文化生活中的一道亮丽风景线。

如果秧母娘娘在天之灵，俯瞰人间这一幕幸福和谐充满激情和希望的劳作场景，想必她心里也会欣慰地开出一朵花，忍不住微微一笑。

正如站在秧母田畔的廖妃蔡，仿佛已化身为秧母娘娘。此刻，她始终带着那淡淡的、动人的、发自肺腑的微笑。龙脊梯田载满了生机与活力。此刻，一缕阳光乍现云端，山川为之增色，河谷为之欢欣。

六月六，晒衣裳

小暑刚过，初伏未到，正是农历六月初六的日子，在很多瑶族聚居的地方，人们会举行盛大的庆祝活动，也就是过半年节。

许多年前，我曾经到桂林市灵川县九屋镇东源村委的老寨和新寨体验过六月六。老寨和新寨都是瑶族村寨，属于盘瑶，他们把六月六称为尝新节。这一天采摘早熟的粮食，如苞谷、稻谷等，做成饭食先喂给狗吃（相传五谷是狗带来的），然后全家共享，谓之尝新，以此来庆祝当年大丰收。

这两个寨子相距 1.5 千米的路程，睦如兄弟，轮流举办六月六的庆祝活动，比如今年新寨举办庆祝活动，明年就轮到老寨准备活动，依次轮值。六月六的热闹程度与春节不遑多让，出嫁女拖家带口，亲朋好友成群结队，甚至陌生的客人都慕名而来，赶来过节。每家每户都摆上几大桌鸡鸭鱼肉，热情款待。寨里的男女老少都穿上瑶族服装，载歌载舞，舞草龙，祭盘王。我在老寨欣赏过原生态的瑶族舞蹈，包括“长鼓舞”“敬龟舞”“草龙舞”等。我印象最深的就是“长鼓舞”，舞者身背长鼓，左手握住鼓的中间，翻腕转动多变，右手指掌拍鼓两端，边击鼓边跳舞，舞步刚健、粗犷，动作朴实真切，情趣盎然。“敬龟舞”源于一个传说，相传瑶族人在漂洋过海时遇到大风大浪，船被吹翻了，是一只神龟救了瑶民祖先，所以人们才以跳舞祭祀神龟。表演形象生动，由 8 名女性与 8 名男性共 16 名舞者共同演绎。其动作编排巧妙借鉴了盘瑶“打斋”的层次结构，依次展现了找龟的寻觅、追龟的急切、捉龟的灵巧等一系列连贯而富有张力的动作，呈现出一幅生动且富有韵律的舞蹈画面。

我第一次观看舞草龙是在九屋镇的新寨。那一年六月六前后持续几天下暴雨，特别是在九屋镇东江流域达到历史极值，东江河上的风雨桥尽毁，道路塌方，电力中断，通信中断。在六月六尝新节到来之前，新寨的村民一直在寨子的舞台上排练节目，排练舞草龙。六月六那一天大雨滂沱，进山的道路被阻断，一个亲友也进不来，只有我们这一个提前两天进驻新寨的采风团队，因此我们成了新寨唯一的一队客人。这一天，新寨的瑶族村民身着民族服装，冒着大雨，虔诚地举行舞草龙的古老仪式。他们不仅是为了展现给我们看，更多的是为了传承与坚守六月六尝新节这一充满传统意义的祭祀活动。草龙由稻草编织而成，龙身长达 8 丈（26.67 米），直径约为一尺半（0.5 米）。1 名舞者手持龙珠引领前行，9 名舞者紧随其后舞动龙身，尾随的则是一艘草船。锣鼓唢呐之声激昂热烈，在风里雨里仿佛穿透辽邈的时空。舞毕，草龙被恭敬地引领至河边，点燃火焰，象征着将其送归东海龙王的怀抱，以此祈求全寨人民平安健康、福泽绵延。

与老寨新寨一山之隔的便是金坑四寨。登上灵川县和龙胜各族自治县交界的才喜界，往西依次是金坑四寨的江柳、小寨、大寨、中六。金坑四寨的红瑶人也过六月六，也称半年节，也一样过得特别隆重，特别有仪式感。不同的是，金坑红瑶不称尝新节，也不舞草龙，而是晒满红衣，称之为晒衣节。

2024 年的农历六月初六，我又一次踏上龙脊这块神奇的土地，来到大寨。已到初夏，金坑梯田展眼翠绿，禾苗在拔节向上，已经长了差不多一尺高，绿茵茵的，将一块块梯田装扮得如同一条条绿绸缎。山风过处，禾苗随风弯曲，山坡上的层层绿色，轻波摇曳。

大寨跟往常一样，每一天都是清脆的鸡鸣把它叫醒。在大寨记忆里，六月六的太阳都会在梯田上空露脸，几乎不会因乌云整天阻挡而缺席。它在做好入伏的准备，在这一天，它还有一个光荣的任务，就是负责把大寨红瑶姑娘们的美丽红衣晒好。它从大寨东山升起，抖擞精神，光辉明亮。等到它把第一束阳光扫过梯田和木楼的时候，寨子中的石板路开始有了脚步声，早起的游客和寨子里准备庆祝活动的居民开始忙碌起来，空气中弥漫着节日的喜庆气氛。

大寨沿袭着晒衣传统。一大早，红瑶的阿婆、阿嫂、

龙脊镇大寨村的瑶族妇女在吊脚楼上晾晒花衣花裙
潘志祥／摄

姑娘们就将家中的精致花衣、绚烂花裙以及各式各样的装饰品，小心翼翼地摆放在阳光下晾晒。晒排与晾衣架上，红的、绿的，五彩斑斓的衣物交织在一起，像一道道在一栋栋木楼上拉直的彩虹，绚丽夺目，吸引着每一个过路人的目光。

我被大寨的鸡鸣唤醒，沐着第一缕阳光，走上村里的石板路。我要去潘乾忠的木楼看他们家晒红衣。他是我进大寨因采访而熟悉的第一个红瑶人。前一晚进大寨的时间太晚，他家的客房已经爆满，他推荐我去别家客栈住宿。看到我，他也很高兴，放下手中的活跟我打招呼。他家是寨子晾晒红衣最早的几户人家之一，我到的时候，潘乾忠家的红衣早就高高挂到了木楼二层的窗前，他指给我看，阳光正好给红衣镀上一层艳艳的金光。

他跟我说起他们红瑶潘姓人家半年节庆的习俗。解放前，红瑶庆祝六月六有许多传统，红瑶的寨子会举行杀猪祭庙神的仪式。同时，各家各户都会宰杀鸭子来供奉田神。供奉田神有固定的地点，用一块石头作为神位标志，每年都到此处祭拜。供品包括鸭子、酒、粽粑、香烛以及纸钱。主家头戴斗笠，手持盛着供品的篮子，前往供奉田神之地，途中遇见他人点头错过，不能打招呼。供奉完毕，用一根竹子悬挂纸幡，将竹竿插在田神之位，收拾供品返回。到家后，主家在门外悬挂茅标，并紧闭门户，以示禁止入内。主人随即将鸭子烹煮，全家团聚享用，煮熟的鸭子必须在一餐内吃完，不能给外人分享，即使是出嫁女回来也不能吃。老人家说这样才能确保财气不外泄。解放后，六月六的许多传统，比如供奉田神的传统就终止了。但过节那天，家家晒红衣，会把亲朋好友、老庚同年都请回来过节，嫁出去的女儿和在外寨入赘的儿子，每年此时都会带着鸭子、酒和礼品，背着孩子，直接回到娘家享受团圆饭，每家每户都会包粽子来庆祝这个盛大的节日。这些传统传承至今。金坑红瑶有着独特的粽子文化，有人还把六月六叫作“粽粑节”。他们喜欢将两个粽子紧密相连，象征着好事成双。而对于孩子们，他们更是精心制作了一种特别的圆锥形粽子，让孩子们可以一边一个挂在脖子上，讨一个喜气。六月初六，也正值李子成熟时节，孩子们不仅享受着美味的粽子，还会在水中嬉戏，玩着寻找李子的游戏，互相泼水，欢笑声此起彼伏。他们追逐着水中的李子，仿佛那不仅仅是果实，更是夏日的乐趣与欢笑。仿佛时间在这一刻停滞，只有快乐在流转。

寻找李子的游戏，我是没有看到，我想应该是老一辈的童年没有什么好玩的，便在水中追逐李子来找乐子。金坑红瑶现在六月六主打的就是晒红衣。

瑶族六月六晒衣的由来，据说与乾隆皇帝有关。相传乾隆皇帝下江南时，因雨水打湿了衣物，便在这一天晒干，于是民间便有了“人晒衣服龙晒袍”的俗语。虽然这只是一个传说，但它为晒衣节增添了几分神秘而浪漫的色彩。

然而，晒衣节的起源并非仅根植于民间流传的逸闻趣事。在春末夏初的潮湿季节，衣物容易受潮发霉，虫类也开始滋生，因此，人们选择在这一天晾晒物品，以驱虫防潮。随着时间的推移，这一实用的做法逐渐演变成了如今的晒衣节。每年的农历六月初六，大寨红瑶都会举行盛大的晒衣活动，以此庆祝丰收、祈福并展示他们独特的民族服饰文化。

我刚与潘乾忠辞别，离开了他的家，他突然追了出来，塞给我几个热腾腾香喷喷的粽子。我提着这一份感动，从寨子里的石板路走去，沿着南面的小溪走到风雨桥，绕过始祖田，顺着北面的小溪旁的小路逆流而上。一路上，我被红色包围，被衣服晾晒的气息包围，被欢乐包围。这个早上，大寨红瑶女们都在光荣而骄傲地忙忙碌碌，不停地搬衣服、挂衣服。在金坑金色阳光的照耀之下，那一件件红衣仿佛化作了鲜艳欲滴的小红花，整齐地排列成行，绚丽地盛开在古朴木楼的窗前，一朵一朵汇聚在一起，像飘着一片片绚烂的红色云朵，染红了寨子，也染红了半边天空。六月六，这盛大的节日，就像一场精心编排的交响乐盛宴，而晾晒红衣则如同拉开了这场交响乐的华彩序曲，奏响了喜悦与期待的旋律。

六月六这一天，大寨瑶嫂潘德琴晾晒出来的腰带和织衣
卢初龙 / 摄

阳光开始变得灿烂而热烈，照在身上感觉到热量蒸腾起来。我看到溪边隔着一块梯田的木楼前，一名身着红衣的红瑶阿嫂正在挂红衣，脚步不由得移了过去。阿嫂把箱子里鲜艳的织衣、绣衣、围裙、腰带等服饰，全部抱了出来，摆在桌面上。她踩上连在两根木柱之间的长条木板凳，两只手正不停地一件一件地往晒衣竿上挂衣服。挂好后，阿嫂还用手轻轻抚平每一件红衣的褶皱，她的动作细致而优雅，眼神中满是对这些红衣的珍视和热爱。

我走过去与阿嫂攀谈，得知她名叫潘德琴，11 岁就开始学织衣绣衣，现在所穿的红衣，都是自己亲手织就的。我帮她数了一下她晒出来的服饰，连同她身上穿的，织衣 14 套，绣衣 4 套，腰带 21 根。阿嫂最喜欢绣的图案是龙和凤，每一件绣衣上都有这些大同小异的龙凤图案，双龙戏珠、吉鸟飞翔，和和美美。阿嫂指给我看，她的脸上露出了满意的笑，那是对自己的手艺的自豪，也是对民族文化的热爱。在阳光的照耀下，红衣、青石板路、老旧的木屋，还有阿嫂的笑容，构成了一幅动人的山村图画。

六月六注定是欢乐的，在金坑红瑶人的眼里，这一天怎么热闹怎么来。

在完成红衣晾晒后，身着红瑶传统服饰的阿嫂和姑娘们来到寨口的风雨桥前整齐列队，恭候着来访的贵客。她们双手奉上一杯口感香甜、醇厚绵密的龙脊水酒。随后，众人汇聚至龙脊大寨村委楼前的歌舞坪，共同观赏一场别开生面的表演。在这里，歌声、笑声、欢呼声此起彼伏，红瑶文化的魅力在这一刻被展现得淋漓尽致，让每一位在场的客人都深深感受到了这份来自大山的热情与活力。节目丰富多彩，其中《梳秧女》以舞蹈的形式，生动地描绘了秧苗青青的田园风光和瑶族少女的勤劳与美丽。5 个少女和 12 个青春洋溢的姑娘，在舞台上翩翩起舞，她们的舞姿轻盈飘逸，仿佛将人们带入了那绿意盎然的田野之中。《长发吟》则通过独特的表演形式，展现了瑶族独特的文化和传统。在《长发吟》中，阿婆讲述的长发故事引人入胜，小姑娘们聚精会神地聆听着，而年轻姑娘们则展示着用淘米水梳洗长发的流程，那首悠扬的《女儿歌》响起时，不禁让人想起母亲教女儿学织衣、母亲帮女儿剪第一把长发的情景。

文艺会演告一个段落，观众的目光又被红瑶民族的传统婚礼吸引了过去。在金坑梯田这个天地间的舞台上，一支浩浩荡荡的迎亲队伍从山坡上的壮界缓缓走向坡底热闹的大寨。队伍中的红瑶女子们，个个光彩照人，她们身着五彩斑斓的花衣、飘逸的花裙，以及精美的饰衫。六月六这一天，红瑶姑娘是天地的宠儿，最绚丽的色彩都穿在了她们身上。她们手中撑着鲜亮的红伞，行走在层层叠叠的绿色梯田之间，沿着那条整齐光滑的石板路，蜿蜒而行。远远望去，迎亲队伍就像是一条红色的巨龙在青翠的田园间游走，又如同一条纤细的红线在绿色的绸布上轻盈穿梭。

从梯田的高处望去，寨子里木楼上晾晒的红衣，宛如一朵朵静静盛开的花朵，装点着古朴的村落。而梯田中行走的那一抹抹红色，更像是一道涓涓细流，为这片古老的土地注入了新的生机与活力。在这灿烂的阳光之下，这动与静的红衣，共同织成这个特殊日子里最为动人的诗篇。

在晒衣节这一天，大寨和周边红瑶寨子应邀来参与活动的村民，忙碌而充实。从清晨到夜晚，他们依次向游客展示了一系列精彩纷呈的活动：迎宾仪式热情洋溢，文艺会演载歌载舞，红衣定终身的红瑶传统婚礼展示让人感受到浓厚的民俗文化。此外，长发梳妆、抬金狗、服饰加工技艺展示，以及抢鸡抢鱼、舂粑粑、舂木槽等富有参与性的体验活动，都让游客们深深沉浸其中。夜幕降临时，大型梯田火把与绚丽的烟花交相辉映，将节日氛围推向了高潮。这个由官方精心组织的晒衣节，不仅保留了晒衣裳、包粽子、宴请宾客等传统习俗，还将不同时间的习俗巧妙地浓缩在一天内呈现，甚至巧妙地借鉴了其他地方的民俗和现代旅游产品中的体验项目进行创新。这场晒衣节仿佛是一幅五彩斑斓的巨大画卷，将传统与现代、乡土与国际完美融合。时至今日，“晒衣节”已经不仅是红瑶同胞的重要节日，也成为整个龙脊梯田景区一年一度的盛事。

半年节在热闹中落幕，许多精彩的活动也会在我的脑中渐渐淡化，但那晒在木楼上、晒在红瑶女子身上的红衣，却如同火焰般烙印在我心间，历久弥新。

后记

我似在搭建一座文字“澜那”。“澜那”在龙脊壮语里是“梯田上的家”的意思。我铺好了最后一块瓦片，内心涌动着一条金江河，久久不能平静。

这部作品的创作，不仅是一次文字的构建之旅，更是一场深入心灵的文化探索与自我发现。龙脊，或许在地图上并不显眼，但在我心中，它和漓江一样，是世界级的一个名词。漓江是世界的江，龙脊是世界的田。它为我构筑起一座宏伟的精神殿堂，成了我生命中不可或缺的一部分。

我与龙脊之缘起于1998年。当年，我还在读大学，与美术系同学首次踏入龙胜，一同前往瓢里乡杨梅坡。我第一次见到了传说中的梯田。它们水平如镜，依山附形，围绕着木楼，不管从哪个角度看过去，都是一帧摄人心魄的画面。那个夜晚，山里人家的热情让我们这帮学生醉倒在火塘边，或哭或笑，或歌或舞。随着夜色渐深，天地幽静而深远，楼外隐约传来虫鸣的啾啾声和溪流的潺潺声。主人突发雅兴，吹起了竹笛，那乐声哀婉绵长，直抵心灵深处。我独自走出木楼，欣赏楼外的山川夜色。天空黯淡空阔，时而有雨，时而有风，待雨停，皎洁的满月款款而来。晶莹剔透的月亮，泛出美玉般的温润光泽。月华如洗，倾洒在层层梯田间，犹如撒上了一层晶莹的盐粒，又似铺上了一层洁白的雪霜。我披上了圣洁的光辉，恍惚间以为漫步于瑶池仙境。

与梯田的初次邂逅，竟然是这样的惊鸿一瞥，那号称“天下一绝”的龙脊梯田该是怎样的容貌！次日，我独自前往龙脊，在金江寨下车后，我徒步攀山，沿着石板路，从金竹村到龙脊寨，再到平安寨，绕梯田而行。我怀揣虔诚之心，被绝世美景震撼，更对瑶族壮族先辈的开山辟田充满崇敬。

在此次行程中，我有幸结识了平安寨的两位小朋友——克省和月新。他们向我叙述了梯田和学校的种种故事，还赠送了我蚕宝宝，由此，我们之间建立了深厚的友谊。每年，他们都邀请我前往龙脊，观赏梯田的美景，体验壮族的风土人情。这份情谊也成了我创作《梯田原乡——桂林龙脊镇》的重要灵感来源。

2023 年，在丹桂飘香、稻穗金黄的季节，桂林文学院高研班的十几名学员，在前任院长刘敏和现任院长盘文波（笔名光盘）的带领下，前往龙脊镇。我们参与了桂林作家“深

入生活　扎根人民”新时代文学实践点揭牌仪式，并围绕该主题展开座谈，从文学视角分享了对活动的见解及对龙脊的创作构想。当天，在龙胜各族自治县文联常务副主席杨宝嫦与龙脊镇人大专职副主席沈春桃的陪同下，我们前往龙脊梯田采风，并在马海村半山书吧举办读书活动。次日，我们继续深入龙脊茶厂、桂林长发科技馆、金江村、黄洛瑶寨等地采风，为将来的创作搜集素材。

接了本书的写作任务之后，我深入龙脊，扎根基层，与村民交流互动，汲取丰富的创作营养。为了体验龙脊的年俗，我在除夕之夜住进大寨，与村民一起“抬金狗”，一起“摘摇钱树”。此后，龙脊的重大节庆和重要农事活动，我都到现场感受过。在与村民的朝夕相处中，我不仅感受到了他们对传统文化的尊重与传承，也见证了他们对美好生活的向往与追求。这些珍贵的瞬间与真挚的情感，都被我记录在了《梯田原乡——桂林龙脊镇》一书中。

在各方师友的帮助下，这座文字的“澜那”顺利落成，我越发感受到自己肩负的责任重大。《梯田原乡——桂林龙脊镇》不仅是我与龙脊人民共有的回忆，更是我对这片土地深沉情感的表达与传递。我期望通过自己的努力，让更多人认识龙脊、了解桂林，感受中国多元地域文化的独特魅力。

主要参考资料

1. 龙胜县志编纂委员会编，《龙胜县志》，汉语大词典出版社出版，1992年。
2. 龙胜各族自治县地方志编纂委员会编，《龙胜各族自治县志（1988—2005）》，中国时代经济出版社，2013年。
3. 龙胜各族自治县民族局《龙胜红瑶》编委会编写，《龙胜红瑶》，广西民族出版社，2002年。
4. 卢勇、唐晓云、闵庆文主编，《广西龙胜龙脊梯田系统》，中国农业出版社、农村读物出版社，2017年。
5. 孙娜、罗德胤，《龙脊十三寨》，清华大学出版社，2013年。
6. 周大鸣、范涛主编，中国田野调查丛书《龙脊双寨：广西龙胜各族自治县大寨和古壮寨调查与研究》，知识产权出版社，2008年。
7. 石凌广主编，《龙胜各族自治县少数民族古籍（一）》（内部资料）2009年。
8. 粟卫宏主编，《龙胜各族自治县少数民族概况·壮族》，漓江出版社，2017年。
9. 政协龙胜各族自治县委员会学习文史资料委员会编，《龙胜文史》第十辑，2001年。
10. 王醒，《广西龙脊梯田植被及土壤水分对降雨的响应研究》，硕士学位论文，桂林理工大学，2021年。
11. 周小华，《岭南山地梯田环境下的生产与生活——基于龙脊大寨梯田的考察》，硕士学位论文，陕西师范大学，2011年。
12. 苏韶芬、李肇隆，《桂林民俗》，中央文献出版社，2006年。
13. 《生活月刊》编著，《茶之路》，广西师范大学出版社，2014年。